Für Ulli Nordmann
5.12.1953 – 18.12.1992

Horst Nordmann / Fritz und Mika Hahn

Kölsche Zweiradgeschichten

Pioniere, Rennfahrer, Schicksale

Inhalt

Vorwort

Die Frühgeschichte des Fahrrads 8

Kölner Firmen und Marken 10
   1.1. Der Pionier aus Lindenthal: Die Allright Fahrrad-Werke 12
   1.2. Cito: Die Konkurrenz aus Klettenberg 60
   1.3. Zeitweise kölsch: Krieger Gnädig 70
   1.4. KMB aus Kalk: Imperia setzt neue Maßstäbe 72
   1.5. Esch Rekord: Das Motorrad aus der Küche 76
   1.6. Gold-Rad: Als Überlebenskünstler durch mehr als 100 Jahre 78
   1.7. Apex, Brandt, Colonia...: Kleines ABC der Manufakturen und Zulieferer . 84

Kölner Rennstrecken und Rennveranstaltungen 88
   2.1. Die Riehler Rennbahn 90
   2.2. Die Stadtwaldbahn 99
   2.3. Rund um Köln 100
   2.4. Die erste ADAC-Deutschlandfahrt 1924 104
   2.5. Das Müngersdorfer Radstadion 108
   2.6. Die Rheinlandhalle 110
   2.7. Das Stadtwaldrennen 112
   2.8. Der „Kölner Kurs": Die Rennstrecke am Köln/Bonner Verteiler 116

Drei Superstars, drei Tragödien des Radrennsports 120
   3.1. Willi Schmitter 123
   3.2. Albert Richter 125
   3.3. Toni Merkens 128

Kölner Motorrad-Asse der 20-er und 30-er Jahre 130
   4.1. Wilhelm Etzbach 133
   4.2. Harry Herzogenrath 134
   4.3. Erich Pätzold 136
   4.4. Hans Soenius 140
   4.5. Ernst Zündorf 142

Zugabe: Erinnerungen und Anekdoten des Rennfahrers Hans Schäfer 143

Zeitsprung: Der MSC Porz – lebendige Motorsport-Tradition in Köln 147

Namen und Sachregister 151

Danksagung, Quellen und Bildnachweis 158

Impressum 159

Vorwort

„Die erste Fahrt gibt den Fahrenden Empfindungen, die sie niemals mehr im Leben vergessen. Empfindungen, die sich keiner vorstellen kann, der sie nicht durchgemacht hat. Es ist die wonnevolle Empfindung der Macht, dass wir Raum und Zeit bezwingen können. In diesem Siegen verlängern wir gleichsam unser Leben, ringen unserem erbittertstem Feinde, dem Tod, einen Fußbreit Boden, Minuten und Stunden ab. Wenn Hecken, Bäume, Häuser, Städte, Berg und Tal rechts und links an uns vorüberfliegen, wird das Gefühl der Raumüberwindung zur Ekstase..."

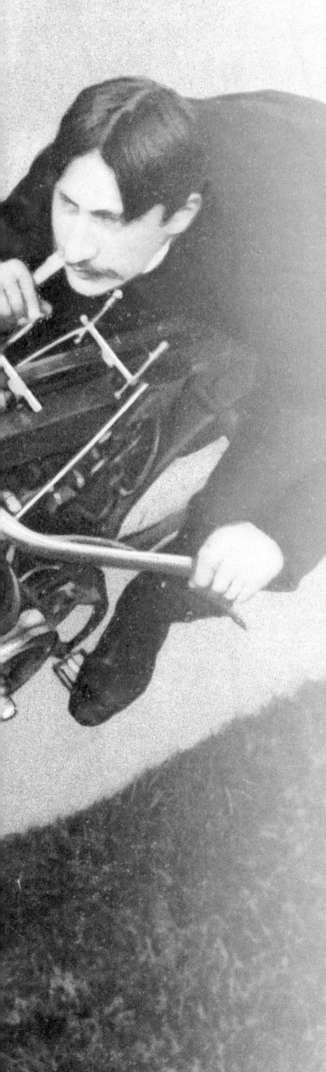

Diese Worte schrieb der Bühnenschriftsteller und Librettist Rudolf Lothar am Ende des 19. Jahrhunderts. Sie drücken aus, was viele Menschen um die Wende vom 19. zum 20. Jahrhundert empfanden: Faszination für neue technische Errungenschaften und Begeisterung über eine bis dahin unbekannte persönliche Mobilität.

Wenig mehr als 120 Jahre sind vergangen, seit die ersten Fahrräder in Köln den staunenden Massen vorgeführt wurden. Die ersten Motorräder tauchten vor gut 100 Jahren auf und galten als wahre Sensationen. Fahrräder und Motorräder waren Mobile der Zukunft.

Köln wurde schnell zu einer Metropole der Zweiradindustrie und des mit ihr entstandenen Zweiradsports. Die Stadt war ein wichtiges Industriezentrum, nicht zuletzt Dank der Erfindung des Viertakt-Verbrennungsmotors durch Nicolaus August Otto im Jahre 1876. Der Standort war also klug gewählt, als 1890 ein junger Mann namens Georg Sorge in Lindenthal die erste Fahrradfabrik Kölns gründete. Seine Produkte stellte er in das Schaufenster seiner Radfahrschule. Eine Radfahrschule – auch das musste sein, in der Zeit, „als die Kölner fahren lernten."

In den folgenden Jahrzehnten folgte ein wahrer Triumphzug Kölner Fahrräder, Motorräder und Rennfahrer. Viele weitere Firmen entstanden, Rennstrecken wurden gebaut und Kölner Sportler errangen zahlreiche Deutsche Meisterschaften, Weltmeister-Titel und sogar Olympia-Siege auf zwei Rädern, oft sogar auf Zweirädern aus unserer Stadt.

Aber nicht nur glorreiche Geschichten, sondern auch tragische Kapitel zählen zur Kölner Zweiradgeschichte, wie die des Rad-Weltmeisters Albert Richter oder der jüdischen Bankiersfamilie Hanau, die dem Terror des NS-Regimes zum Opfer fielen.

Insgesamt ist die „Kölner Zweiradgeschichte" ein umfangreiches und bewegtes Kapitel der Stadthistorie. Durch Kaiserreich, Ersten Weltkrieg, Weimarer Republik, Inflation, Weltwirtschaftskrise, Nazi-Diktatur, Zweiten Weltkrieg und bis in die Nachkriegszeit hinein erlebte sie Höhen und Tiefen. Einige fast vergessene Fakten, Ereignisse und Personen präsentiert dieses Buch. Auf Grund der Natur der Sache können die Darstellungen nicht vollständig sein. Es kann und soll aber sowohl dem Kölner Bürger als auch dem eher technisch versierten Oldtimer-Enthusiasten eine interessante und abwechslungsreiche Lektüre bieten – nicht mehr und nicht weniger.

Die Frühgeschichte des Fahrrads

Die technische Entwicklungsgeschichte des Fahrrads begann im frühen 19. Jahrhundert. Als Urheber kann mit einigem Recht der badische Freiherr Carl Friedrich Ludwig Christian von Drais (1785-1851) angesehen werden, der sich ab der badischen Revolution 1849 Karl Drais nannte. Seine 1817 erfundene Laufmaschine (Draisine) war das erste von Menschen mit Muskelkraft angetriebene Fahrzeug. Zu Lebzeiten erntete Drais, der in seiner „deutschen" Heimat nicht ernst genommen und auf Grund seiner politischen Einstellung sogar verfolgt wurde, für seine Erfindung überwiegend Hohn und Spott. Er starb verarmt, ohne eine Ahnung davon, welche Entwicklung er mit seiner Tüftelei angestoßen hatte.

Aus der Laufmaschine entstand um 1861 das Tretkurbelvelociped. Es unterschied sich von seinem Vorläufer vor allem dadurch, dass an dem im Vergleich zum Hinterrad etwas vergrößerten Vorderrad eine Tretkurbel angebracht war. Der Fahrer drehte mit seinen Füßen diese Kurbel, statt sich wie bei der Draisine am Boden abzustoßen, um das Fahrzeug in Fahrt zu setzen. Eine Kurbelumdrehung entsprach dabei natürlich exakt einer Vorderradumdrehung.

Um schneller fahren zu können, wurde in der Folgezeit das vordere Rad immer mehr vergrößert, das hintere wurde gleichzeitig immer kleiner. Als Ergebnis dieser verhängnisvollen technischen Entwicklung entstand das Hochrad. Fortschrittliche Modelle aus der Zeit um 1870 bestanden nicht mehr aus Holz, sondern aus Stahl und hatten eine Vollgummi-Bereifung. Dennoch war ein sicheres Fahren damit kaum möglich. Schon ein größerer Kieselstein auf dem Weg konnte zu einem schweren Sturz und, da ein Hochradfahrer in ca. anderthalb bis zwei Metern Höhe saß, zu erheblichen Verletzungen führen.

Laufrad um 1861

Ein von dem Engländer John Kemp Starley entwickeltes und 1885 auf der Londoner Stanley Show präsentiertes neues Fahrradmodell holte den Fahrer von seinem gefährlichen Hochsitz. Man nannte es Safety-Rad oder Niederrad, und es war der Vorläufer unseres heutigen modernen Fahrrades: Es verfügte über gleichgroße Räder, der Sattel war senkrecht über den Pedalen angebracht, und angetrieben wurde es über eine Hinterradkette.

Die Erfindung des Luftreifens durch den schottischen Tierarzt John Dunlop im Jahre 1888 führte als nächstes zu einer beträchtlichen Erhöhung des Fahrkomforts und die Entwicklung des Diamantrahmens 1891 gab dem Fahrrad endlich seine bis heute erhaltene Grundform.

Hochrad um 1885

Dieses Fahrrad im heutigen Sinne sollte sich in den folgenden Jahren zu dem Fahrzeug seiner Zeit entwickeln. Es leitete einen beträchtlichen wirtschaftlichen Aufschwung ein, weil die Menschen mobiler wurden und weitere Arbeitswege bewältigen konnten. Doch bis zum Durchbruch des Fahrrads war es noch ein langer Weg.

Niederrad um 1890

Vor dem Kino Capitol „Kölner Ringe" in den 20-er Jahren

Kölner Firmen und Marken

19 verschiedene Fahrradmodelle waren 1894 im Angebot der Allright Fahrradwerke

Der Pionier aus Lindenthal: Die Allright Fahrrad-Werke

Kölner Firmen und Marken

Georg Sorge begann seine unternehmerische Laufbahn nicht als Fabrikant im eigentlichen Sinne, sondern als Konfektionär. Zusammen mit seinem Partner Hoppe vertrieb er zuerst englische „Triumph" und „Allright Coventry Safety"-Fahrräder, die sie ab 1890 in ihrer kleinen Fabrik in der Lindenthaler Freiligrathstraße 31 a – 35 montierten. Es war wahrscheinlich auch der Blick auf das Pionierland England, der den Kölner Fahrrad-Pionier Georg Sorge und seinen Kompagnon dazu bewogen hat, einen englischen Namen als Titel des eigenen Unternehmens zu wählen.

Georg Sorge: Sportler u. Unternehmer

Georg Sorge war zwar kein Nähmaschinenhersteller wie viele seiner Konkurrenten der „ersten Stunde", hatte aber schon Erfahrung auf dem Fahrrad-Sektor gesammelt.

Fabrikmarke

Allright Radfahrschule, Hohenzollern-Garten

Allright, Feinster Strassenrenner

Geboren am 11. August 1868 in Salzgitter, besuchte er zunächst die Handelsschule und war Mitglied im „Hannoverschen Bicycle Club". Er hatte schon etliche Erfolge als Rad- bzw. Hochradfahrer vorzuweisen, als er nach einer kaufmännischen Tätigkeit in einem Eisenwarengeschäft von Hannover nach Köln zog. So hielt er zum Beispiel Hochradrekorde über 25, 70 und 90 km. In Köln trat er dem „Cölner BC" bei und legte z. B. die 249,9 km lange Strecke Blankenheim – Godesberg – Koblenz – Bingen – St. Goar – Boppard in 11 Std. 56 min. zurück. Eine unglaubliche körperliche Leistung angesichts des Zustandes der damaliger Pflaster- und Naturstraßen, die zum Teil überhaupt keinen festen Belag hatten.

Neben der Produktion und dem Verkauf von Fahrrädern betrieb Sorge auch die Allright-Radfahrschule im Hohenzollern-Garten. Dort erklärte und demonstrierte er seinen ausnahmslos erwachsenen Kunden die „pädagogischen Grundzüge" des Fahrradfahrens. Tatsächlich war ein gewisses Maß an Unterricht und Übung notwendig, denn die damaligen Fahrräder waren nicht ganz einfach zu fahren und erst recht nicht zu stoppen. Die Freilaufnabe war noch unbekannt, solange die Räder sich drehten, drehten sich auch die Pedale, und die Bremswirkung der damals üblichen Löffelbremse war eher dürftig.

Musterlager und Verkaufsstellen der Allright-Fahrräder
Hohenzollernring 22 und Schildergasse 47-49.
Fernsprech-Nr. 2390.   Fernsprech-Nr. 798.

Hohenzollernring

Natürlich war diese Schule, genauso wie das Fahrrad selbst, hochfein und daher nur den besseren Kreisen vorbehalten. Fahrräder, damals „Velociped" genannt, waren zu jener Zeit absolute Luxusgegenstände und galten auch in Köln als Ausdruck und Kombination von Kunstwerk und höchsten industriellen Fertigungsmöglichkeiten. Ein Rad aus deutscher Produktion kostete damals ein kleines Vermögen von etwa 500 bis 1000 Mark. Zum Vergleich: Der durchschnittliche Jahresverdienst eines Arbeiters betrug im Jahre 1895 ganze 656 Mark.

Die einfachen Leute wagten noch nicht einmal von einer solchen Kostbarkeit zu träumen. *„Dä kleene Mann moot ze Foos durch Kölle jonn"* – oder er nahm die 1879 in Betrieb genommene Pferdebahn.

No. **904**. Ledergamaschen
für Herren
hell- u. dunkelorange oder schwarz.
Per Dutzend Paar *M*. 83.70
„ Paar . . . „ 7.50

No. **903** Ledergamaschen
für Damen,
hell- u. dunkelorange oder schwarz.
Per Dutzend Paar *M*. 155.—
„ Paar . . . „ 13.20

Dame mit Allright,
Foto von 1897

Sorges größter Coup:
Die Distanzfahrt Wien – Berlin 1893

Auch als er schon selbstständiger Unternehmer war, trat Georg Sorge, wie auch andere namhafte Hersteller jener Tage, häufig noch höchst selbst in die Pedale. Er machte damit unbezahlbare Werbung für seine Produkte und seine Firma. Sein sportlicher Erfolg trug sicher nicht unwesentlich zu seinem wirtschaftlichen Erfolg bei.

Im Juni 1893 besuchte aus Anlass des Herbstmanövers Kaiserin Augusta Viktoria die Stadt Köln und Sebastian Kneipp hielt auf Einladung des örtlichen Kneipp Klubs eine Rede über naturgemäße Gesundheitslehre. Georg Sorge war in Wien, allerdings mit ganz eigenen Plänen. Sorge wollte das größte Ereignis des damaligen Rennsports gewinnen: Die über 582,5 km führende Distanzfahrt Wien – Berlin.

Ein Jahr zuvor war dieses Rennen von deutschen und österreichischen Offizieren zu Pferde ausgetragen worden. Es muss wohl eine ziemliche Schinderei gewesen sein, denn obwohl die Pferde ausgewechselt wurden, erreichten (laut Zeitungsberichten) die ersten Reiter nach gut 71 Std. mit „halbtoten Pferden" das Ziel, was sogar Tierschutzvereine auf den Plan rief.

Nun wollte die Fahrradindustrie beweisen, was Werkmannsarbeit wert war. Die Bedeutung des Rennens lag für sie in dem Beweis der Überlegenheit des Fahrrads und seiner Zuverlässigkeit im Verkehr. Für den deutschen Radfahrverband lag sie in dem Nachweis der Kriegsverwendbarkeit des Rades. Sportlich bildete sie ein Gegenstück zu der berühmten Fernfahrt Bordeaux-Paris über 572 km, die im Mai 1893 von Cottereau mit einer halben Radlänge vor Stephane in der Zeit von 26:04:52 gewonnen wurde.

In technischer Hinsicht, und das interessierte die Fachwelt am meisten, stand hier die große Bewährungsprobe für das Fahrrad bevor.

Zur Durchführung gründete der Deutsche Radfahrer-Verband eigens ein Comité. Man war sich der immensen Bedeutung für die Verbreitung des Fahrrads bewusst:
„Also, Radfahrer Deutschlands zeigt, dass wir nicht nur imstande sind, nationale Unternehmungen ins Leben zu rufen, sondern auch auszuführen und zu unterstützen."
Dieser Aufruf wirkte wie eine Fanfare. Die Wogen der Begeisterung gingen hoch. Aus allen Kreisen erhielt das Comité Spenden. In der Frontreihe der Spender stand die Industrie. In der Sonderausgabenummer des offiziellen Bundesorgans vom 20. Mai 1893 erschien die Ausschreibung:
„Start 29. Juni 1893, früh 6 Uhr, am Bahnübergang in Wien Floridsdorf. Die Fahrt ist offen für alle seit dem 1. März 1893 in Deutschland oder

Wien-Berlin

Österreich ansässigen Amateure. Gestartet wird in Gruppen von je 10 Fahrern mit einem Abstand von fünf Minuten. Strecke: Floridsdorf - Oberhollabrunn - Znaim - Iglau - Tschaslau - Jungbunzlau - Gabel - Zittau - Bautzen - Hoyerswerda - Spremberg - Drebkau - Kalau - Baruth - Neuhof - Zossen - Berlin."

Schrittmacher („Windschattenspender") und Radwechsel waren gestattet. Dem Sieger winkte ein Ehrenpreis in Höhe von 200 Mark, dem Zweiten die Hälfte, dem Dritten noch 75 Mark, allen Weiteren je 50 Mark. Am 20. Juni 1893 erschien die Startliste. Sie umfasste 150 Fahrer in 15 Gruppen. Darunter u. a. in Gruppe XI Weltmeister August Lehr und Josef Fischer, die Fahrrad-Helden der damaligen Zeit.

In Wien regnete es unglücklicherweise an den Vorfeiertagen so stark, dass der Korso verschoben werden musste. Mit 826 Fahrern und Fahrerinnen besetzt, gestaltete sich der Korso am Tage vor dem Start dann aber doch noch zu einem großen gesellschaftlichen Ereignis in Wien. Mehr als 100.000 Zuschauer wohnten dem Spektakel bei, in dem sich als besondere Attraktion ein mit den Brüdern Opel und Beyschlag besetzter Dreisitzer bewegte.

Die Sensation im ersten Teil der Fahrt war das Ausscheiden des wie der Teufel über die ersten 100 km gerasten August Lehr. Die zweite Überraschung war das hervorragende Fahren des in Gruppe I gestarteten Kölners Georg Sorge. An die Räder und Reifen wurden die höchsten Anforderungen gestellt. Die Straßen waren schlecht und der Schotter brachte den Reifen „tödliche" Verletzungen bei. Defekte und Stürze hatten die Reihen bereits auf österreichischem Gebiet stark gelichtet, als zwischen Collin und Nienburg ein sintflutartiges Gewitter niederging, was weitere Fahrer zum Ausscheiden zwang.

No. 430n. Lehr-Fusshalter vernickelt.

Per Paar M. 2.50

Georg Sorge auf Rennmaschine

Keine Sorgen bei Georg Sorge

Verschont von den Problemen seiner Konkurrenten blieb der Kölner Sorge in diesem historischen Rennen. Völlig sensationell lieferte er sich ein Kopf-an-Kopf-Rennen mit dem späteren Sieger Josef Fischer aus München. Fahrrad und Reifen bewährten sich. Hoyerswerda durchfuhren Fischer und Sorge zusammen, aber in dem nur noch 118 km von Berlin entfernten Drebkau kam Fischer mit einem Vorsprung von 23 Minuten vor Sorge an. Der Münchner hatte die Maschine gewechselt und vergrößerte seinen Vorsprung durch den Einsatz neuer Schrittmacher.

Am Ziel in Tempelhof hatte sich eine unüberschaubare Menschenmenge eingefunden. Noch nie bei einem sportlichen Ereignis hatte sich so reges Interesse bemerkbar gemacht. Am 30. Juni 1893 erreichte Josef Fischer das Ziel auf dem Tempelhofer Feld. Er gewann nach 31 Std. Fahrzeit, vor dem ohne Maschinenwechsel über die Strecke gekommenen Kölner Sorge, mit 54 Minuten Vorsprung. Während seiner 31-stündigen Fahrzeit hatte er sich nur eine Pause von 76 Minuten erlaubt! Zeitgenossen jener Tage haben errechnet, dass er 118.300 Kurbelumdrehungen auf den 582,5 km ausführte! Die Zeit, die im Vorjahr der schnellste Reiter für diese Strecke benötigt hatte, unterbot er um unglaubliche 40 Stunden!

Für Georg Sorge hatte sich die Teilnahme an diesem Rennen auf jeden Fall gelohnt. Obwohl er sich Josef Fischer geschlagen geben musste, feierten die Kölner „ihren" Sorge, ihrer Art entsprechend, wie einen Sieger und sehnten sich fortan nach einem Fahrrad. Die Allright-Radfahrschule verzeichnete so viele Anmeldungen wie nie zuvor. Jeder wollte einmal so sein wie Georg Sorge, der das unumstrittene Kölner Stadtgespräch in jenen Tagen war.

Namenschilder.

No. 896 a.
Namenschild, vern. mit Klappe.
Per Dutzend *M.* 11.80
„ Stück „ 1.10

No. 896 b.
Namenschild, vern. einfach.
Per Dutzend *M.* 5.40
„ Stück „ —.50

Safety-Rad

Georg Sorges Gespür fürs Geschäft:

Die deutsche Fahrradindustrie vor 1900

Sorges Firmengründung im Jahre 1890 war eine mutige Entscheidung und mit beträchtlichen Risiken verbunden. Seine Vorgänger im Deutschen Reich waren zunächst Nähmaschinenhersteller, wie Dürkopp in Bielefeld, Seidel und Naumann in Dresden und natürlich Adam Opel in Rüsselsheim, die auf Grund ihrer mechanischen Kenntnisse und industriellen Fertigungsanlagen im Stande waren ein Fahrrad herzustellen. Daneben gab es eine Anzahl von Schlossereien und Schmieden, die aus England bezogene Teile in kleinen Werkstätten zu Fahrrädern zusammensetzten. Noch Mitte der 1880-er Jahre konnte man also kaum von so etwas wie einer deutschen Fahrradindustrie sprechen. 1887 wurden insgesamt etwa 7000 Fahrräder in Deutschland hergestellt.

Anfänglich wurde das Eisenross misstrauisch beäugt. Ein Grund dafür war sicherlich auch der zunächst sehr hohe Anschaffungspreis. Höhere Produktion und Verbreitung würde den Preis senken können – doch diesen Kreislauf galt es erst einmal in Schwung zu bringen. Das ging natürlich in erster Linie durch sportliche Erfolge, die schon immer große Faszination auf das breite Publikum ausübten.

Mit dem Ereignis der Fahrt Wien - Berlin sollten richtungweisende Entscheidungen für die Industrie gefällt werden. Hier traten nicht nur Sportler gegeneinander an, sondern auch Fahrzeug- und Produktionskonzepte: Hochrad gegen Niederrad und Vollgummireifen gegen die neuen, von dem schottischen Tierarzt John Boyd Dunlop 1888 erfundenen, Luftreifen. Zwar war der Luftreifen gerade dabei sich durchzusetzen, aber mit ihm wetteiferte eine Unzahl von verschiedenen Ausführungen um den Platz an der Sonne. Da gab es den „Universal-Hohlgummireifen" von Kretzmarsch, den „Mossgummireifen" von Leupoldt, den „Wespennestreifen" von Kémendy, den „Torrilhonreifen" mit „selbstschließendem Luftschlauch" – Namen und Begriffe, die längst untergingen.

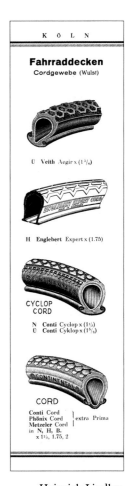

Heinrich Lindlau
K.-G. Köln

Georg Sorges Firma hatte da mehr Glück. Nach 1890 wurde das Fahrrad immer populärer und half, die Wirtschaft anzukurbeln. Im Jahre 1896 konnte eine deutsche Produktion von 200.000 Stück abgesetzt werden. Auch immer mehr

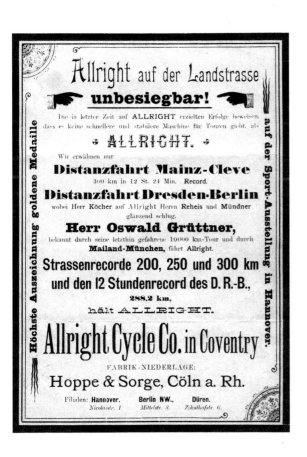

Kölner Fahrradwerbung, 1898

junktur begünstigt. Von 1887 bis in das Jahr 1896 war die Anzahl von Fahrradherstellern im Deutschen Reich von 64 auf 210 gestiegen, die Zahl der Beschäftigten von 1.150 auf 7.777.

Kölns erster Fahrradhersteller Allright hatte sich nur sieben Jahre nach der Gründung des Unternehmens eine bedeutende Stellung im Fahrradmarkt erarbeitet. Im Vorwort seines Fahrrad-Katalogs von 1897 konnte Sorge voller Stolz schreiben:

„Wenn unsere Werke in Deutschland auch nicht zu den ältesten Fabriken gehören, so ist es uns doch gelungen, mit Erfolg alle Versuchsstationen dieser neuen Industrie zu passieren und die besten Maschinen hervorzubringen. Trotz der schnellen Ausdehnung und den unaufhörlichen Veränderungen im Fahrradbau können wir mit Genugthuung constatieren, dass unsere Allright-Räder einen Ruf als mustergültige Maschinen erlangt haben, welcher uns von keiner Seite im In- und Ausland mehr streitig gemacht werden kann."

Lieferfahrräder gehörten zum Straßenbild und verbesserten die Distribution der Unternehmen in Deutschlands Städten. Die Menschen wurden flexibler, konnten längere Arbeitswege in Kauf nehmen, und durch den Kauf auf Ratenzahlung brauchte nun auch *„dä kleene Mann nit mih ze Foos ze jonn."*

In der Domstadt entstanden in dieser Zeit eine ganze Anzahl von Fahrradfabriken: Mit Cito wird 1896 in Klettenberg ein zweites Kölner Fahrradwerk gegründet (über das im nächsten Kapitel ausführlich zu berichten sein wird). Die Firma „Isaak Windmoller", Fabrikation von Fahrradbestandteilen am Hansaring und Hohenzollernring, mit Filialen in London und Lippstadt, und „Staffelrad" mit seinen Kardanrädern, folgten 1897 in der Burgunderstraße 48–52. Etliche Neugründungen wurden durch die gute Kon-

Weltmeister Peter Günther hinter seinem Schrittmacher Ullrich, Steherrennen Köln-Riehl, 1904

Rennsportliche Erfolge trugen auch in der Folgezeit dazu bei, das Ansehen der Lindenthaler Fahrräder zu fördern. Der Allright Fahrrad-Champion Jimmy Moran, gefeierter Sieger bedeutender Sechs-Tage-Rennen seiner Zeit, oder der Weltmeister Peter Günther gehörten zu den bekanntesten Radrennfahrern, die den Namen „Allright" von Köln aus in die weite Welt trugen.

Jimmy Moran, Europameister 1911

Kölner Radsportclub bei der Ausfahrt

ALLRIGHT-FAHRRAD-WERKE
GEORG SORGE & Cº.
Köln-Lindenthal.

Köln-Lindenthal, den 16. November 189

Fabriken: Neuenhöferweg
Freiligrathstrasse

Telegr.-Adr.: Sorge, Kölnlindenthal.
Telephon: Hauptcontor u. Betrieb 237 Amt Ehrenfeld.
Privatcontor 354 „ „

Handelskammer Köln.
Eingeg. 16/11 1897
J.-No.

An die Handelskammer

KOELN.
****

Im Besitze des gefl. Schreibens der Handelskammer zu Köln vom 9.crts. beehren wir uns, in der Einlage die Druckschrift des Vereins Deutscher Fahrrad-Fabrikanten zu retourniren. Die Thatsachen, welche in der Druckschrift angeführt sind, stimmen in jeder Hinsicht mit unseren Beobachtungen und Erfahrungen überein, indessen sind es nicht nur die amerikanischen Räder, welche der inländischen Industrie einen empfindlichen Verlust verursachen, sondern auch besonders die oesterreichischen.

Es dürfte bei Schritten, welche die Handelskammer an geeigneter Stelle etwa zu unternehmen gewillt ist, sich empfehlen, darauf hinzuweisen, dass nicht allein fertige Räder, sondern auch Fahrrad-Bestandteile einem wesentlich höheren Zoll unterworfen sein müssen, wenn nicht die inländische Industrie dauernd aufs Aeusserste geschädigt werden soll. Tritt z. B. eine Zollerhöhung nach Deutschland von Amerika nur auf fertige Räder ein, so haben ja die Amerikaner nichts Eiligeres zu thun, als die Räder in Teilen hierher zu schicken und solche hier zusammenzusetzen, wodurch ihnen keine Mehrkosten entstehen.

Ferner möchten wir darauf hinweisen, dass im Falle eine möglichst schleunige Erledigung der beabsichtigten Zollerhöhung durchgeführt wird, weil sonst angesichts der den Amerikanern drohenden Geschäfts-Erschwerung diese vor dem Zeitpunkt Alles hereinbringen würden, was nur irgendwie möglich ist. Die Amerikaner sind bekanntlich durch ihre äusserst wachsamen Consuln stets auf das Genauste von Vorgängen unterrichtet und würden jede ihnen gegebene längere Frist bis aufs Aeusserste ausnutzen.

Mit vorzüglicher Hochachtung!
Allright-Fahrradwerke
[Unterschrift]

Orginalschreiben von Georg Sorge an die Handelskammer zu Köln

Feinste Herrenmaschine Allright 1899, Sammlung Nordmann

Die erste Krise

Die große Anzahl der Hersteller schuf eine solch enorme Überproduktion, dass eine erste schwere Krise für das Fahrradgewerbe ausbrach, die schon im Jahre 1898 zu zahlreichen Zusammenbrüchen führte.

Zu allem Überfluss erschienen immer mehr amerikanische Fahrräder auf dem Markt. Das Deutsche Reich hatte die Zollgrenzen geöffnet, damit die eigene Industrie zur Entwicklung und Produktion konkurrenzfähiger Fahrräder gezwungen wurde. Hingegen wurden Exporte in die Vereinigten Staaten durch hohe amerikanische Schutzzölle verhindert. Die amerikanischen Fahrräder waren meistens einfache Konstruktionen, aber mit ausgezeichneten Kugellagern ausgerüstet, zudem wesentlich leichter als die „soliden" deutschen Fahrräder. Ein Berliner Warenhaus bot 1898 amerikanische Räder für 80 Mark an. Das deutsche Rad war zwar mit der Zeit billiger geworden, aber immer noch erheblich teurer als die „Marktpiraten" aus Amerika, ohne entsprechend besser zu sein. Es kostete immer noch weit über 125 Mark. Und aus den Zusammenbrüchen in Deutschland wurden jetzt viele gute deutsche Räder gar für 56-63 Mark veräußert. Das Ende der Hochkonjunktur war da, viele der über 200 Fahrradhersteller mussten Konkurs anmelden.

Auch die Kölner Hersteller hatten in dieser Zeit zu kämpfen. Einigen stand das Wasser bis zum Hals. Die miserablen Aussichten zwangen den Verein Deutscher Fahrrad Fabrikanten sich an die verschiedenen Handelskammern zu wenden. Georg Sorge bewies in dieser Situation, dass er sich nicht nur auf der Rennstrecke durchsetzen, sondern auch als Unternehmer behaupten konnte. Vehement forderte er protektionistische Maßnahmen, um die deutsche Fahrradindustrie vor den amerikanischen Billig-Importen zu schützen.

Konjunkturaufschwung und Marktbereinigung

Erst in den Jahren 1901 - 1902 gelang der deutschen Fahrradindustrie der Umschwung. Die erste Krise hatte zwar Spuren hinterlassen, aber mit neuem Elan ging es wieder vorwärts.

Die Errichtung einer der amerikanischen Industrie ähnelnden Großproduktion bedeutete zwar für viele Kleinbetriebe das Aus, jedoch war das Markenrad entstanden und dessen Preis ging bis 1907 auf 52 Mark herunter. Allerdings galt dieser Preis „ohne Gummi", also ohne Bereifung, denn dafür musste noch extra bezahlt werden.

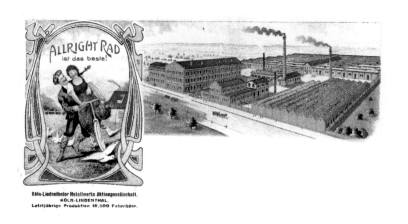

Nach der Aufnahme der Wulstreifenproduktion 1892 durch die „Hannoversche Gummi-Kamm-Compagnie" mit Excelsior-Pneumatics und 1893 durch die „Continental Caoutchouc und Gutta-Percha Compagnie" war der Preis für die Bereifung erheblich gesunken. Ende der 1890-er Jahre kostete ein Reifenpaar von Dunlop immerhin 80 Mark, das deutsche Produkt von Continental nur noch ungefähr die Hälfte! Neue Firmen wurden in Köln gegründet oder zogen in die Stadt, die sich zu einer Hochburg des Radsports etabliert hatte. Auch die Rennsportschmieden Kölns erlangten später besten Ruf. Einer der ersten, Fritz Köthke, belieferte zeitweise die größten Sechs-Tage-Fahrer der Welt mit seinem „Champion Rad". In die Niederichstraße, ganz in der Nähe des Eigelsteins, kamen die Weltmeister und Sechs-Tage-Cracks aus aller Welt, um eine der filigranen Rennmaschinen zu erstehen.

CÖLN a. Rh.
Brückenstrasse mit Columbakirche

Cöln am Rhein, 1901

Dieser etwas eigenartige Fahrstil fand bis in die 20-er Jahre hinein eine große Anhängerschaft. Kunstrad oder Reigen fahren heute noch in Köln die Radolitos aus Höhenhaus.

Deutsche Reichspost Postkarte von 1901

Rennsport auf der Riehler Bahn, 1904

Start zum „Großen Eröffnungspreis Cöln am Rhein", April 1905

Start zum „Gold-Pokal von Cöln", 30. Juli 1905

Zeitgenössische Werbung

Guignard als Sieger im „Goldenen Kranz von Cöln", 5. August 1906

Dankesschreiben an die Köln-Lindenthaler Metallwerke, Zeitungsartikel 1903

Allright Fabrik im Jahr 1901, Flächenraum 14 500 qm², 750 Arbeite

An die Köln-Lindenthaler Metallwerke, Köln.

Durch Ihren Herrn August Lehr wurde mir vor einigen Tagen eines Ihrer „Allright-Motorräder" vorgeführt und zum Ankauf empfohlen.

Ich besitze zwei Automobile und muß gestehen, daß ich mich nur mit großem Mißtrauen dazu verstehen konnte, einen Fahrtversuch zu machen.

Gegen mein Erwarten und zu meiner Freude kann ich Ihnen mitteilen, daß ich das Rad nach einer Probefahrt sofort kaufte und zwar deshalb, weil die Handhabung eine so einfache ist, daß jeder Radfahrer ohne Vorkenntnisse dasselbe benutzen kann, während sich andere Fabrikate durch alle möglichen Komplikationen in der Bedienung unangenehm bemerkbar machen.

Ich habe am nächsten Tage sofort eine größere Tour gemacht und kann auch hierüber nur das Beste sagen.

Da ich weiß, daß diese Zeilen als die eines der ältesten Automobilisten Schlesiens eine Empfehlung für Ihr Fabrikat sein können, so machen Sie beliebigen Gebrauch davon.

Ich zeichne   Hochachtunsvoll

Schloß Lobetinz (Schlesien).   Hans Ledermann, Rittergutsbesitzer.

Titl. Köln-Lindenthaler Metallwerke, A.-G., Köln-Lindenthal.

Bereits über sechs Monate fahre ich Ihr „Allright"-Motorrad und kann Ihnen zu meiner Freude bestätigen, daß ich mit demselben durchaus zufrieden bin. Bei täglichem Gebrauch im „Bergischen" – sehr schwieriges Terrain – ist das Rad für mich bei Ausübung meiner Praxis von unschätzbarem Wert und ersetzt mir durchaus ein Fuhrwerk.

Hilden, den 7. August 1903.   Hochachtend
                                    Baehr, pr. Tierarzt.

An die Köln-Lindenthaler Metallwerke, A.-G., Köln-Lindenthal.

Gleichzeitig mit mir schafften sich einige meiner Verwandten das Allright-Motorzweirad an, und sind sowohl diese wie ich mit der Funktion desselben durchaus zufrieden. Ich habe dasselbe auf größeren Touren erprobt und wurde von der Leistungsfähigkeit desselben tatsächlich überrascht. In den nächsten Tagen wird sich infolge meiner guten Erfahrungen einer meiner Freunde ebenfalls einen Ihrer Motore anschaffen.

Schloss Gracht bei Liblar, den 13. August 1903.
                        Achtungsvoll!
                        Alfred Graf Wolff-Metternich

Aus Allright wird KLM: Start der Motorradproduktion

Georg Sorge wandelte 1901 seine Allright Fahrradwerke in eine Aktiengesellschaft um. So entstanden die Köln-Lindenthaler Metallwerke (KLM). Hauptaktionär von KLM war die Rheinische Handelsgesellschaft mit Sitz in Düsseldorf. Sie gehörte zum Bankhaus Adolf Hanau. Sorge selbst, mittlerweile auch zu alt für den aktiven Sport, zog sich immer mehr zurück. Er fungierte als stiller Gesellschafter bei KLM, blieb „seinem" Werk aber noch lange Jahre verbunden. Schon 1902 bastelte er an einer neuen Idee. Sorge gründete in Berlin den ersten Großhandel in Deutschland für Automobilmaterial, die Firma Sorge und Sabeck mit Filialen in St. Petersburg, Riga und Kristiania (Oslo). Inhaber der Kompanie waren Georg Sorge und der Ingenieur Edmund Levy.

Bei KLM wurde kurzzeitig auch die Fertigung von Stahlmöbeln mit in das Programm aufgenommen. Das Hauptaugenmerk jedoch galt dem jetzt überall aufblühenden Motorradbau. Die ersten Motorräder konnten kaum ihre enge Verwandtschaft zum Fahrrad leugnen. In modifizierte, verstärkte Fahrradrahmen bauten die Lindenthaler Konstrukteure den damals in Lizenz gefertigten FN Motor der „Fabrique Nationales d'Armes de Guerre". Der 2 PS „starke" Schnüffelmotor der 1889 gegründeten Waffenfabrik aus dem belgischen Herstal (bei Lüttich), hatte 250 ccm und trieb das Hinterrad mittels eines Lederriemen an. Für damalige Verhältnisse war das FN-Produkt einer der besten Motoren auf dem Markt, jedenfalls was Zuverlässigkeit und Bedienungsfreundlichkeit betraf. Die weite Verbreitung als Einbaumotor und die massenhaft in den Bedienungshandbüchern abgedruckten Dankschreiben sprachen für sich.

KLM verwendete übrigens keine Fafnir-Motoren aus Aachen. Außer den bereits erwähnten FN Motoren wurden von Allright aber auch Peugeot Motoren eingebaut, bis man später sogar eigene große Zweizylinder in Eigenregie fertigte.
Von diesem Allright-Motorentyp hat wahrscheinlich nur ein unvollständiges Fragment in Finnland überlebt.

Der Schnüffelmotor, Abbildung aus einer Bedienungsanleitung von 1905, Allright (KLM)

Am Anfang war der Schnüffelmotor

Der Motorradfahrer hatte es zu Beginn der Motorisierung nicht leicht. Benzin gab es anfangs nur in der Apotheke. Die Straßen, wenn man diese überhaupt so nennen konnte, waren voller Hufnägel vom Verkehrsmittel Nr.1 der damaligen Zeit, den Pferdefuhrwerken. Das Händlernetz war noch recht spärlich gesponnen und so mancher Dorfschmied wurde über Nacht zum „Kraftfahrzeugmechaniker", der als offizielle Berufsbezeichnung freilich noch gar nicht existierte. Hauptsächlich war man auf sich selbst gestellt.

Charakteristisch für die frühen Auto-, Motorrad- und Flugmotoren war in den ersten Jahren das sogenannte „Schnüffelventil": Das Einlassventil öffnete sich mit Hilfe einer Membran durch den von der Abwärtsbewegung des Kolbens erzeugten Unterdruck. Schob man ein solches Fahrzeug, dann erzeugte die Einlassmembran automatisch ein „schnüffelndes Atmen". Getriebe bzw. Leerlauf kannte man in den Anfangsjahren des Motorrades noch nicht. Deswegen war der Motor permanent belastet durch die direkte Verbindung zum Hinterrad mittels eines Keil- bzw. Lederriemens.

Startprozedur

Wollte man los fahren, musste man zunächst verschiedene Hebelchen für Gas, Luft und Zündung betätigen. Einen komfortablen Gasdrehgriff im heutigen Sinne gab es noch nicht. Zu der technischen „Fingerakrobatik" kam dann parallel noch das kräftige Treten der Pedale, um das Stahlross in den erforderlichen Startschwung zu versetzen. Waren die Zünder oder Glasakkus in Ordnung und der Vergaser gut gelaunt, dann „schnüffelte" sich der Motor vorwärts. Ganz schön anstrengend war also das Starten der großen Zweizylinder-Motoren. Autos und Flugzeuge wurden hingegen angekurbelt, wie man es vielleicht aus alten Filmen kennt.

Für ihre Motorräder boten manche Hersteller, so auch die Köln-Lindenthaler Metallwerke, wahlweise „Akkumulatoren-Zündung" oder den etwas fortschrittlicheren, aber noch in den Kinderschuhen steckenden Magnetzünder an. Beides sorgte, bei entsprechender Wartung, für den Zündfunken mittels zerlegbarer Zündkerze. Sprang die Maschine an, dann musste man nur noch auf freie Bahn hoffen und die Schweißperlen der Startprozedur lösten sich langsam in Luft auf. Kreuzte aber ein

Qualität aus Sachsen, Restaurierung von Dieter Schmidt, Reichenbach im Vogtland

Pferdefuhrwerk den Weg oder zwang ein sonstiges Hindernis zum plötzlichen Halt, so war der Fahrer gezwungen, den Motor „abzuwürgen". Dies geschah durch Zündunterbrechungen oder (falls vorhanden) durch einen „Ventilausrück-Mechanismus". Die heutige Kupplung existiert damals noch nicht! Aber dann, wenn Hecken und Bäume vorüberflogen, der frische Fahrtwind die unterschiedlichsten Düfte der Natur in die Nase und durch die Sinne blies, allein mit der Maschine, sich selbst und der Umgebung, die sich immer schneller neugestaltete, dann hatte die Faszination die Anstrengung besiegt und das Hochgefühl der Freiheit alle Mühe vergessen lassen.

Verlegenheiten
und wie man denselben begegnet.

Wenn es vorkommt, daß nach einer größeren Tour der Fahrer feststellt, daß ein kleiner Teil defekt ist oder daß eine Feder an Elastizität verloren hat, so ist er geneigt, sich zu beklagen. Die Vorübergehenden, die ihn beschäftigt sehen, den zerbrochenen Teil durch einen neuen zu ersetzen — eine Reparatur, die meistens in wenigen Augenblicken gemacht ist —, sehen sich verständnisinnig an und sagen: „daß diese Maschine in der Tat vieler Reparaturen bedarf". Diese Leute denken jedoch nicht daran, daß, wenn sie auf der Eisenbahn fahren — um ein Beispiel anzuführen —, die Lokomotive zu wöchentlichen Reparaturen, um nicht zu sagen, zu fast täglichen, die mehr oder weniger wichtig sind, Veranlassung gibt und daß ein Heer von Arbeitern fortwährend erforderlich ist, um den großen Bruder beständig im Zustand der Tätigkeit zu erhalten. Aber das alles wickelt sich ab in den Werkstätten und man geht unachtsam daran vorbei, während der Motorfahrer sich selbst helfen muß, den Blicken aller ausgesetzt.

Wenn man an die große Anzahl und die Schnelligkeit der Bewegungen denkt bei einem Motor, der 1800 und mehr Umdrehungen macht, so muß man anerkennen, daß diese kleine Maschine, die mit einer vollkommenen Regelmäßigkeit arbeitet, ein wahres Wunder der Mechanik ist, wodurch es ermöglicht wird, Ebenen und Berge mit Schnelligkeiten von 30, 40 und 50 km die Stunde zu durchmessen.

Aus dem Allright-Betriebshandbuch für Motorradfahrzeuge, 1905

Allright-Motorrad im Einsatz

Das Allright Modell 1905

Eine frühe Allright-Maschine mit Schnüffelmotor befindet sich heute in der Sammlung Nordmann. Das original erhaltene 1905-er Modell mit 2 PS kam nach 95 Jahren über Umwege zurück nach Köln. Ursprünglich diente es als Militärfahrzeug der deutschen Armee und war im Ersten Weltkrieg bis 1918 an der Westfront. Nach der Kapitulation dort zurückgelassen, wurde es zusammen mit vielen anderen deutschen Kraftfahrzeugen durch einen schwedischen Kraftfahrzeughändler von den alliierten Siegern erworben.

Der schwedische Händler erhoffte sich nach der Zivilisierung der Fahrzeuge ein gutes Geschäft. Doch die „Allright" erwies sich als Ladenhüter. Schon 1919 wollte niemand mehr ein antiquiertes Fahrzeug mit dem bereits veralteten Schnüffelmotor kaufen. So wurde hier und da mal etwas abgebaut, doch stand sie trocken über Jahrzehnte im Lager. Irgendwann wurde sie von skandinavischen Sammlern vor der Verschrottung gerettet und 1988 von einem norddeutschen Liebhaber alter Fahrzeuge zurück nach Deutschland geholt. Durch Tausch und Überredungskunst fand sie dann im Jahre 2000 nach 95 Jahren wieder nach „Hause". Unter dem Kotflügel klebt heute noch der Dreck von der letzten Dienstfahrt.

Allright Modell 2 3/4 PS mit Magnet Zündung, 1905, Sammlung Nordmann

Der Sport beflügelte den Export

Die Motorräder aus Köln-Lindenthal traten einen raschen Siegeszug in aller Welt an. Unter dem Titel „Allright beherrscht die Welt" erschien auch ein Zeitungsbericht, der vielleicht ein wenig übertrieben war, im Wesentlichen aber den Tatsachen entsprach. Bestimmt erfreuten sich die Köln-Lindenthaler Metallwerke KLM auch im Ausland eines exzellenten Rufes, der überall auch durch sportliche Erfolge untermauert wurde.

Allright Motorräder mussten allerdings in einigen Ländern aus patentrechtlichen Gründen „umgetauft" werden. So wurden die Krafträder aus Lindenthal auch unter dem Namen Vindec Special, Tiger, Roland oder Jagdrad auf allen Kontinenten verkauft, in Rennen gefahren und bekannt.

„Allright"
Fahrräder und Motorzweiräder
hochmoderne Konstruktion, leicht laufend

Fabrikanten der echten Weltmeisterräder.

Motorzweiräder
auf Wunsch mit Doppelübersetzungs-Nabe und Leerlauf.

Leistungsfähigkeit täglich 250 Stück Fahr- und Motorräder.

Köln-Lindenthaler Metallwerke
Aktiengesellschaft.

Größte Fahr- und Motorradfabrik des Kontinents.

Allright 1000 ccm Baujahr 1909
mit 2-Gang Schaltnabe im Hinterrad
(unrestaurierter Fundzustand),
Sammlung Nordmann

Allright beherrscht die Welt. Die Köln-Lindenthaler Metallwerke, A.-G., Köln-Lindenthal, befinden sich auf dem Wege unverkennbar fortschreitender Entwickelung. Die Lindenthaler sind in letzter Zeit mit Fahrradmodellen an die Oeffentlichkeit getreten, die in allen interessierten Kreisen Aufsehen erregten. Es handelt sich hier um die wirklich leichten Maschinen „Populär" und „Weltmeister", die dank ihrer Stabilität, dank ihrer eleganten Ausführung und dank ihrer ausserordentlichen Schnelligkeit den deutschen Markt im Sturm erobert haben. Auch zahlreiche bedeutende Rennfahrer vom Zement, wie Peter Günther (Köln), Otto Meyer (Ludwigshafen), Willi Pongs (Krefeld), Müller (Köln), Schelling (Düsseldorf), Hottenroth (Köln), haben sich den leichten Allright-Rädern zugewandt und werden sich ihrer in Zukunft bedienen. Von den Helden der Landstrasse ist es Friedrich Tacke, der Sieger von „Rund um Köln", welcher sein Heil auf einer „Westmeister"-Maschine versuchen wird. — Die Allright-Motorzweiräder sind zu bekannt und berühmt, als dass sie eines Wortes der Empfehlung bedürften. Zu den Motorrädern tritt aber in wenigen Wochen ein Wagen, der in allen Autlerkreisen berechtigtes Aufsehen erregen wird. Wir werden noch Gelegenheit finden, darauf näher zurückzukommen. Wer sich aber über die Fabrikate der Lindenthaler genau orientieren will, dem empfehlen wir, sich sofort den Prachtkatalog für 1909 kommen zu lassen, der auf Erfordern gern kostenlos übersandt wird.

Billy Wells

Isle of Man 1907 – das härteste Motorradrennen der Welt

Den Allright-Motorrädern verhalf vor allem der englische Importeur Billy Wells zu internationalem Ansehen. Bei dem Eröffnungsrennen der Tourist Trophy auf der Isle of Man, dem bis heute wohl härtesten und bekanntesten Rennen der Welt, belegte Billy Wells einen zweiten Platz auf seiner Vindec-Special hinter dem Sieger Rem Fowler auf Norton.

„...In der 2 Zylinder Klasse führte Rem Fowler auf der Norton vor Billy Wells mit einem geringen Vorsprung, fiel aber aufgrund von kleineren Problemen in der 2. Runde nach hinten ab. Er holte jedoch bald wieder auf und niemand sonst in seiner Klasse kam bis zum „Lunch interval" an die beiden heran..."
(Aus: The Story of the T.T.: The Beginning of it all, 1907 (ins Deutsche übersetzt))

Die Länge einer Runde der ersten T. T. betrug 15 Meilen und 1430 Yards, also in etwa 25 Kilometer und musste zehn mal bewältigt werden. 250 Kilometer, teils bergige Rennstrecke, mit genau vorgeschriebener Menge an Kraftstoff. Der Zweizylinder-Klasse wurden 3,8 Liter Benzin auf 100 km zugestanden, der Mono-Block-Klasse ein halber Liter weniger.

Da die Motorräder 1907 noch mit einer Kette zum Hinterrad über Pedale (wie beim Fahrrad) ausgerüstet waren, mussten die teils völlig erschöpften Fahrer in den „Hügeln" kräftig mittreten. Die Motoren, wahrscheinlich aber auch die Antriebsriemen kamen oft an die Grenze ihrer Leistungsfähigkeit. Natürlich erst recht die Fahrer: Rem Fowler wechselte im ganzen Rennen ein Dutzend mal die Zündkerze, spannte unzählige Male den ledernen Antriebsriemen zum Hinterrad und wird auch sonstige Probleme gemeistert haben müssen. Wie wahrscheinlich auch Billy Wells und die anderen gemeldeten Rennfahrer mit ihren Maschinen. Es gab, wie heute noch bei der Isle of Man, schwere Stürze. Des weiteren sorgten Pannen und technische Ausfälle dafür, dass sich das Starterfeld während des „schwersten Rennens der Welt" drastisch reduzierte: Wer im Ziel ankam war ein Held! Die Norton und Vindec hatten den gleichen Antrieb, einen 5 PS-Twin aus dem Hause der Gebrüder Peugeot. Die heute noch existierende französische Firma bot ihre Motoren, ebenso wie die belgische FN, als Einbaumotoren zum Kauf an. Die drittplatzierte Maschine des Isle of Man Rennens, eine „Rex" aus Birmingham, besaß hingegen einen eigenen Motor.

Billy Wells

Großen Anteil an der Verbreitung Kölner Maschinen hatte der in England lebende US-Amerikaner Billy Wells. Seinen sportlichen Erfolgen auf Lindenthaler Motorrädern war es zu verdanken, dass die englische Presse vom Aristokraten der Motorräder sprach, wenn es um KLM ging. Schon 1903 wurde auf der berühmten Londoner Stanley-Show, der größten Fahrzeug-Messe des Königreiches, die erste KLM vorgestellt. Die „South-British Trading Company", deren Motormanagement von Wells vertreten wurde, war sofort bereit, die Vertretung für Groß-Britannien, samt Kolonien, zu übernehmen. Das von Wells gegründete

Vindec-Special Team, einer der frühen Motorsport-Rennställe, war bald auf allen größeren Veranstaltungen siegreich. Die ersten Seitenwagenrekorde im Königreich, beispielsweise das legendäre „End-To-End", wurden auf Vindec Motorrädern errungen.

Anfang 1908 kam die Company durch andere Produkte (amerikanische Dampfwagen) in finanzielle Schwierigkeiten und meldete Insolvenz an. KLM reagierte sofort und entsandte zwei Vertreter nebst 50.000 englischen Pfund an Wells, der jedoch die Namensrechte an die ebenfalls in London existierenden Brown Brothers, einem Hersteller von Zweitakt-Motorrädern, verlor.

Fortan hießen die Motorräder aus Köln in England VS, eine Abkürzung für Vindec Special. Leider kam es zwischen Wells und den Kölner Geldgebern immer wieder zu Spannungen in Sachen Be-

triebsführung, die schließlich Ende 1908 zum Bruch des erfolgreichen Teams führten. Enttäuscht ging Wells zurück nach Amerika. Dort erwarteten ihn neue Aufgaben bei den Indian-Motorradwerken in Springfield. Der in England lebende deutsche NSU-Rennfahrer Max Geiger führte nun die Geschäfte für KLM

Das englische Werksrennteam von Allright

Tom Woodman   J.F. Crundall   ?   Billy Wells   A.J. Sproston   W.G. Minnies

Tom Woodman
APMC 318

bis zum Kriegsausbruch 1914. Auf Grund der Politik der Siegermächte gestalteten sich Exportgeschäfte nach dem Ersten Weltkrieg insgesamt sehr problematisch, deutsches Auslandskapital wurde nach dem Krieg enteignet. Doch der Name Vindec Special war noch populär genug, um die „British Vindec Company" nicht untergehen zu lassen. Die „Tochterfirma" existierte noch bis 1929 und verwendete in Eigenregie Zweizylinder Jap-Motoren bis 490 ccm in Fahrwerken, die jedoch ihre ursprüngliche Herkunft nicht verleugnen konnten.

Erstaunlicherweise haben im britischen Königreich mehr Motorräder aus Lindenthal überlebt als im Herkunftsland Deutschland. Einer ihrer bekanntesten Besitzer ist Rick Howard aus Sussex. Er ist u. a. im Besitz einer 1000-er Vindec von 1909, die er noch regelmäßig auf zahlreichen Rallyes fährt. Rick Howard besitzt außerdem eine kleine silberne Trinkflasche, die Billy Wells beim Eröffnungsrennen auf der Isle of Man für seinen sportlichen Erfolg verliehen bekam.

Fahrpraxis:
Ohne Gas und ohne Kupplung

Wie fährt sich eigentlich so ein „altes Ding"? Was den Sammler von „antiken" Fahrzeugen auf Vergnügungsfahrten heute verzückt, war zur der damaligen Zeit manchmal ein Kampf mit anfälligem Material. Ein Vergnügen zum Schmunzeln bereitet das Lesen der Erinnerungen eines damaligen Motorradfahrers. Seine ersten „Erfahrungen" machte er mit einer Allright aus Lindenthal, die offenbar schon durch viele Hände gegangen war, ehe er das damals schon gebrauchte Motorrad 1922 erwarb. Am 17.05.1941 schrieb der Zeitzeuge in der Zeitschrift „Das Motorrad" folgenden persönlichen Bericht:

Horst Nordmann

„Rückblicke sind immer reizvoll, und die Erinnerung vergoldet auch die Schattenseite des weniger Schönen mit einem verklärenden Schimmer. So ist es immer im Leben, auch mit dem Motorradfahren, und deshalb: Lasst euch beschwören, ihr Geister der seit kleinen zwanzig Jahren gefahrenen Maschinen, und erscheint aus der Versenkung. Den Anfang machte eine Vorweltkriegsmaschine Marke „Allright". Ich sah den Bock 1922 bei einem ländlichen Handwerker, der ihn gern losschlagen wollte, merkwürdigerweise als „überzählig", obgleich er nur dies eine gute Stück hatte..."

Rick Howard aus Sussex, England, Pioneer Run

Von irgendwelchen Fachkenntnissen wenig beschwert, ließ ich mich durch den donnernden Auspuff und die meterlange Stichflamme beim Ausheben des Dekompressors beeindrucken und empfahl sie meinem Chef zum Aufkauf. Er hatte schon öfters etwas von „modernem Aufziehen des Geschäfts" gemurmelt, und dies schien mir die beste Gelegenheit, den ersten Schritt zu tun. Außerdem, wenn er sie kaufte, durfte auch ich damit fahren, das war eine lockende Aussicht. Ich hatte jetzt sozusagen, bildlich natürlich, lieber Leser, „Benzin geleckt" und fing an, nachts von dem edlen Renner zu träumen.

"Die gute alte Zeit!"

Die Sache klappte. Am nächsten Samstagnachmittag wurde der Veteran, heute glaube ich bestimmt, dass er diesen Ehrentitel mit vollem Recht verdiente, da er den Weltkrieg aktiv mitgemacht hatte, bei mir abgeliefert. Da ich nicht anwesend war, verstaute ihn der Verkäufer in die im Keller gelegene Waschküche, und zwar ganz allein. Diese Leistung erregt noch heute meine Bewunderung, denn das unhandliche Ding hatte ein sehr anständiges Gewicht. Abends wurde dann noch der Messingtank blitzblank gewienert, von der nächsten Drogerie (!) Benzin besorgt und am nächsten Morgen in einer ruhigen Nebenstrasse gestartet. Kickstarter waren damals kaum geboren, aber das Anschieben machte keine weiteren Schwierigkeiten, und der Schlitten nuckelte munter los. Die Geschwindigkeit war mit schätzungsweise 35 km/h nicht gerade erschreckend. Auf Gas reagierte das Biest überhaupt nicht, dagegen ließ sich die Geschwindigkeit hervorragend durch Verstellen der Zündung regulieren.

Einige Tage später musste der eigentliche „glückliche Besitzer" eine angeblich sehr wichtige Reise nach einem etwa 80 km entfernten Städtchen machen, und selbstverständlich mit dem Motorrad, obwohl es Februar und keineswegs frühlingsmäßig war und die zünftige Ausrüstung vorläufig nur durch eine Brille dargestellt wurde. Mit vollen Segeln ging es los, die Rückkehr war, mit einem Wort gesagt: kläglich! Unterwegs hatten sich verschiedene Mucken gezeigt, dann war in der Dämmerung der Riemen gerissen, und so blieb als rettender Engel und letzter Ausweg die zwar weniger moderne, dafür aber zuverlässige Kleinbahn, die großmütig die Rückbeförderung übernahm. Damit hatte die „Allright" ihre kurze Rolle ausgespielt. Der Herr Chef schwor „nie wieder Motorrad" und verkaufte sie umgehend für die Hälfte der Selbstkosten weiter. Ich bedauerte dies sehr, denn bei mir hätte sie für meine bescheidenen Bedürfnisse prima gelaufen, aber das Geschick konnte ich nicht ändern und sah die Allright schweren Herzens scheiden..."

500er Allright, 1905, Restaurierung von Dieter Schmidt, Reichenbach im Vogtland

Modell: Allright 1000 ccm, Sammlung Nordmann

Modell: Allright 2 3/4 PS mit Magnet Zündung 1905, Sammlung Nordmann

Die Arbeiter der Allright-Fahrradwerke in Köln-Lindenthal beschlossen am Freitag voriger Woche, der „Rheinischen Zeitung" zufolge, in den Streik einzutreten, wenn am Sonnabend eine Einigung über die strittigen Fragen nicht erzielt werde. Am Sonnabend vormittag verhandelte die Kommission mit der Leitung. Die Kommission bat den Direktor, den Vorschlag schriftlich zu fixieren, um ihn den am Abend sich versammelnden Arbeitern zu unterbreiten. Das wurde von der Direktion verweigert. Nachdem die Kommission nochmals erklärt hatte, eigenmächtig keine Zusage geben zu können, sondern der Versammlung die Entscheidung überlassen zu müssen, erklärte die Direktion die Unterhandlungen für erledigt und verfügte die Schliessung des Betriebes. O. K. x.

Existenzminimum. Soziale Konflikte blieben nicht aus und wurden mit großer Vehemenz ausgefochten. Die Geschäftsleitung von KLM bewies in Konfliktsituationen nicht immer großes Geschick. Noch komplizierter wurde die Sache dadurch, dass die Unternehmensführung häufig wechselte und jeder neue Direktor sich mit glänzenden Bilanzen profilieren wollte. Das Jahrbuch der Kölner Gewerkschaft von 1911 gibt einen kleinen Einblick in das damalige turbulente Arbeitsleben.

Arbeitsleben bei KLM: Gewerkschaft gegen Direktion

Die Köln-Lindenthaler Metallwerke AG entwickelte sich in den frühen Jahren des 20. Jahrhunderts zum größten Arbeitgeber im Kölner Westen. Auf einer Fläche von 145.000 m² schufen ca. 750 Arbeiter 1905 bereits 35.000 Fahrräder und die 1901 ins Programm aufgenommenen Motorräder. Wie auch in anderen Fabriken lagen die Arbeiterlöhne nur knapp über dem

Schleiferei der Allright-Werke

Löterei der Allright-Werke

„Im Jahresbericht 1908 sagten wir, dass wir uns bei den Lindenthaler Metallwerken „Allright" schon daran gewöhnt hätten, den Tarif alljährlich mit einem „neuen Herrn" (Direktor) abzuschließen. Das vergangene Jahr machte darin keine Ausnahme. Herr Bestgen, ein noch ziemlich junger und unerfahrener Herr, hatte die Stelle als Direktor eingenommen und glaubte nunmehr, beim Neuabschluss des Tarifes sich seine Sporen verdienen zu können." Aus dem Jahrbuch der Kölner Gewerkschaften, 1911

Als der Herr mit dem Arbeiterausschuss fast 3 Tage lang verhandelt hatte, wurden plötzlich in einer Abteilung die Arbeiter wegen Ablehnung von Überstunden ausgesperrt! Als die Entlassung der Arbeiter nach vorstellig werden des Arbeiterausschusses aufrecht erhalten wurde, und der Herr sich auch weigerte, den neuen Tarif zu tätigen, traten am 22. Februar sämtliche Arbeiter in den Streik. Nach 14-tägigem Streik ließ die Firma Streikbrecherinserate los. Als aber ein Angebot von Arbeitswilligen nicht zu verzeichnen war, musste sich der Herr Direktor Bestgen zu wirklichen Verhandlungen bequemen. Innerhalb einiger Tage war der Streik dann durch Abschluss eines Protokolls erledigt und die Arbeit konnte am 13. März wieder aufgenommen werden.

In dem Protokoll heißt es:
„Die bestehenden Akkordsätze bleiben für das Jahr 1911 bestehen. Die von der Arbeiterschaft beanstandeten Akkorde werden auf der Basis von 70 Pfg. Stundenverdienst für gelernte und 58 Pfg. Stundenverdienst für ungelernte Arbeiter neu ausprobiert. Müssen mehr als 2 Überstunden pro Tag geleistet werden so erhalten die Arbeiter über 17 Jahren 15 Pfg. und die diejenigen unter 17 Jahren 10 Pfg. pro Stunde Zuschlag. Länger als bis 10 Uhr abends dürfen die Überstunden nicht ausgedehnt werden. Maßregelungen dürfen nicht stattfinden.

Lackiererei der Allright-Werke

Schleiferei der Allright-Werke

Jeder Arbeiter kommt auf seinen alten Arbeitsplatz. An dem Streik waren beteiligt: 181 Personen, 131 davon gehörten unserer Organisation und 5 dem christlichen Metallverarbeiterverbande an. Die übrigen, meist jugendliche Arbeiter, waren unorganisierte."

Zwischen Inflation
und Rennbahn

Allright
mit Beiwagen 7 8 PS,
Pallas-Verg., Bosch-
Magnet. Preis 4 Mill.,
verkauft
Graf, Berlin
Bromberger Str. 1.

**Freibleibend
bieten wir an:**
16 PS Stoewer-
Motor, komplett,
mit Schwung-
scheibe,
Mk. 1 400 000,—
Allright-Motorrad,
mit 7 PS Peu-
geot-Mot., Leer-
lauf u. 2 Gänge,
m. Seitenwagen,
Mk. 3 800 000,—
Leichtmotor
SNOB, 1½ PS,
fahrfertig, im
Spezialrad ein-
geb., M. 1 000 000
10 St. Federgabeln,
wie Triumph, f.
4 PS-Maschinen,
Mk. 140 000,—
je Stück.
Anfr. mit Rück-
porto. Evtl. wird
erstklassig. Klein-
auto in Zahlung
genommen.
Jean Fuchs & Co.
Kommand.-Ges.
Erkelenz
Fernsprecher 49
Telegr.: Fuchsco.

Mit und ohne Motor

Ein bisschen Technik:
Allright-Modelle der 20-er Jahre

Zu keiner Zeit war die deutsche Zweiradindustrie so aktiv und vielschichtig wie in den 20-er Jahren. Nahezu 500 Hersteller von motorisierten Zweirädern kämpften im Deutschen Reich um Marktanteile. Die Produktpalette reichte von haarsträubenden Fahrwerks- und Antriebskonstruktionen bis zu technischen Meilensteinen, die ihrer Zeit oft weit voraus waren. Eines jedoch hatten sie alle gemeinsam: Schlechte wirtschaftliche Zeiten. Inflation und Weltwirtschaftskrise und damit verbundene Massenarbeitslosigkeit fegten auch in Köln kleinere Hersteller vom Markt, manchmal noch ehe sie sich richtig entwickeln konnten. Dennoch sind die 20-er Jahre ein aufregendes Kapitel für die Zweiradgeschichte.

Allright brachte in den frühen 20-er Jahren eine Reihe interessanter Motorrad-Modelle auf den Markt. Angetrieben wurden sie teilweise von Bradshaw-Motoren, hauptsächlich jedoch von den legendären Jap-Motoren aus London. Mehrheitlich verwendete man die populären Viertakt-Motoren von Jap, für die kleineren BII und BIIa Modelle aber auch Zweitakt-Motoren.

Allright Rennmaschine, 1921

Eine der ältesten deutschen, Motorräder bauenden Firmen war die Köln-Lindenthaler Metallwerke A.-G.¹) Sie brachte ihr kleinstes Modell mit einem Einzylinder-Zweitakt-Jap Motor von 175 cm³ Zylinderinhalt. Diese Maschine führte die Bezeichnung Modell B IIa. In Fig. 41 ist es dargestellt. Der Rahmen ist außerordentlich solide gehalten und zeigt einen Radstand von etwa 135 cm. Die Rahmenhöhe beläuft sich auf etwa 175 cm, gemessen vom Erdboden bis

---

¹) Der Motorradbau wurde letzthin eingestellt. Die Konstruktionen wurden trotzdem belassen, um dem Leser einige wertvolle Ideen zu übermitteln. Der Verfasser.

Oberkante Sattel. Das Getriebe ist mit Kickstarter, Leerlauf, Kupplung und zwei Gängen ausgestattet. Die mit dieser Maschine erzielbare Geschwindigkeit bewegt sich zwischen 55 bis 65 km/h. Die Köln-Lindenthaler Metallwerke haben den Bau von Motorrädern inzwischen aufgegeben und bauen jetzt nur noch in erster Linie Federgabeln und Bremsnaben.

Fig. 41. Motorrad der Köln-Lindenthaler Metallwerke A.-G., Modell IIa

Modelle BII (A 175 ccm) 2 1/2 PS, Sammlung Nordmann

Die Modelle BII (150 ccm) und BII A (175 ccm) 2 1/2 PS, die sich heute in der Sammlung Nordmann befinden, sind typische Vertreter der frühen 20-er Jahre. Angetrieben werden sie durch den relativ seltenen 2-Takt Jap-Motor mit außenliegender Schwungscheibe. Während die BII, also die 150-er Allright im originalen Fundzustand belassen werden soll, wurde die größere Schwester komplett wieder aufgebaut. Sie lag wohl lange im Freien und wurde des öfteren „überfahren". Ihr Rahmen und ihr Tank waren regelrecht verknickt und überdies sehr rostig. Der Jap-Motor und das Sturmey-Archer Getriebe fehlten komplett, wie auch alle Armaturen und Trittbretter sowie die Räder. Die Schutzbleche waren derart zerrissen und verrostet, dass sie nachgefertigt werden mussten.

Der Rahmen wurde komplett auseinander gelötet und jede einzelne Verstrebung gerichtet und vermessen, ebenso die Tigergabel. Bei der Instandsetzung des Tanks wurden zwei Einstempelungen der Kölner Firma Spillner gefunden, welche für die KLM-Modelle die Tanks fertigte. Motor und Getriebe wurden auf dem englischen „Beaulieu-Autojumble", dem wohl größten englischen Teilemarkt, entdeckt. Nicht original ist jedoch die hintere Trommelbremse. Auf die ursprüngliche „Holzklotzbremse" wollte sich der Restaurator im realen Fahrbetrieb dann doch nicht verlassen. Denn das kleine Motörchen fährt doch relativ flott. Interessant für den Experten jedoch dürfte sein, dass die Bremsen der größeren 200 – 500 ccm Modelle von Pränafa aus Solingen stammten. Eigene Bremsen, die damals berühmten „Tiger-Bremsnaben", wurden nämlich erst ab 1928 gebaut, da hatte man in Lindenthal die Fertigung von eigenen Motorrädern aber schon aufgegeben!

Allright 150 ccm, 1923 Originalzustand, Sammlung Nordmann

Ein 350 cm³-Modell, ebenfalls mit Japmotor, baut die Köln-Lindenthaler Metallwerke A.-G. Der Motor zeigt von oben gesteuerte Ventile, und der stehende Einzylinder hat 74 mm Bohrung bei 80 mm Hub. Während die Steuerleistung 1,32 PS beträgt, werden an der Bremse 12 PS herausgeholt. Es handelt sich bei diesem Modell um eine reine Sportausführung, und auch die Geschwindigkeit ist so groß, daß die Maschine für den Stadtbetrieb weniger geeignet ist. 100 bis 115 km/h sind leicht erzielbar. Es ist selbstverständlich, daß in allen Teilen, wo irgendmöglich, Kugel- oder Rollenlager bei den sich drehenden oder bewegenden Teilen verwandt sind und nur hochwertiges Material zum Bau genommen ist. Kräftige Bremsen, auf das Vorderrad wirkend, sichern eine gute Manövrierfähigkeit dieses Fahrzeuges. Eine starke Rahmenkonstruktion, die Voraussetzung für eine derart hoch zu beanspruchende Maschine, wurde hier gewählt. Weitere Konstruktionseinzelheiten sind der zusammenfassenden Darstellung (Fig. 47) leicht zu entnehmen.

Allright-Jap 350 cm³

Fig. 47. Allright-Jap 350 cm³

Allright Bahnrenner, Sammlung Nordmann

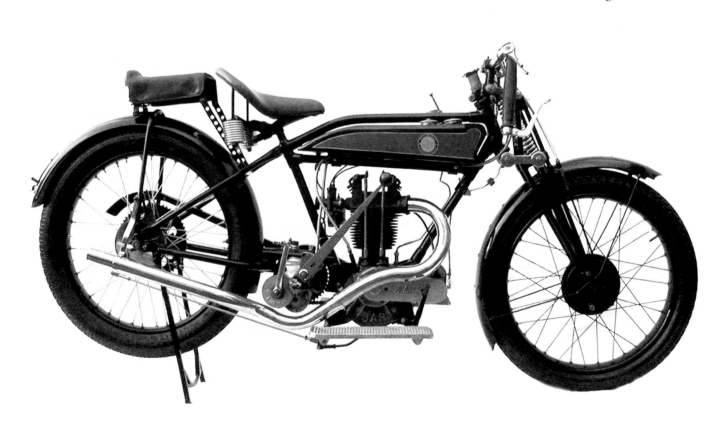

Allright Bahnrenner

Die 20-er Jahre waren auch die große Zeit der Zementbahnrennen. Die Bahnrennmaschinen wurden vom Werk, oft aber von kleinen Spezialherstellern und den Fahrern selbst hergerichtet. Die hier dargestellte Rennmaschine hat eine Besonderheit, nämlich die doppelt verstrebte Vordergabel. In der kleinen 350-er Ausführung taucht sie in keinem Katalog auf. Sie wurde wohl extra für Rennzwecke hergestellt, im Gegensatz zu der „TG 42a Gespanngabel" für die großen Modelle bis 1200 ccm. Der kleine ohv 350 ccm Sportmotor von Jap wird von einem Burmann 3-Gang-Stockgetriebe geregelt. Rennlenker und offenes Auspuffrohr sorgten für den nötigen „Respekt".

Der Messingvergaser von Fischer-Amal aus Frankfurt garantierte eine optimale Umsetzung der Kommandos einer mutigen rechten Hand durch den brüllenden Motor. Die Maschine verfügt noch über eine Handölpumpe mit außenliegendem Schauglas. Gegen das gefährliche Flattern des Lenkers wurde das Fahrzeug mit einem Vorserien-Steuerkopfdämpfer der Köln-Lindenthaler Metallwerke ausgestattet. Serienreife durch Erprobung im Motorsport war damals noch viel aktueller als heute. 26 x 3-Wulstbereifung und Pränafa-Bremsnaben sollten für die nötige Verzögerung sorgen.

Allright Bahnrenner,
Sammlung Nordmann

Das nächstgrößere Modell, welches die Köln=Lindenthaler Metallwerke A.=G. baute, hatte die Bezeichnung C. Es war ausgerüstet mit einer 250 cm³ Viertakt=Jap=Maschine. Über den Jap= Motor an und für sich sei gesagt, daß es sich bei diesem um vielleicht das beste englische Fabrikat handelt. Wenngleich diese englische Firma etwa 120 verschiedene Modelle fer= tigt, von denen vielleicht die meisten nicht unter dieser Firmenbezeichnung auf den Weltmarkt gebracht werden, so kann mit wenigen Ausnahmen angenommen werden, daß die Typen, die heute von der Firma noch ge= baut werden, von vorbildlicher Güte, bezüglich der Konstruktion als auch der Herstellung sind. Die Fig. 43

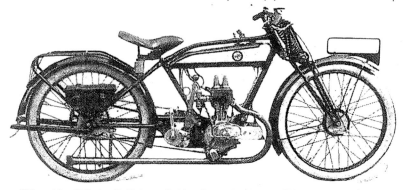

Fig. 43. Modell C der Köln=Lindenthaler Metallwerke A.=G.

veranschaulicht die Gesamtübersicht dieses Modelles. Die Ventile des Motors sind von unten gesteuert, und ein langes Auspuffrohr übernimmt gleichzeitig die Wirkung eines beson= deren Schalldämpfers. Die Kraftübertragung vom Motor zum Dreiganggetriebe, das mit Kickstarter ausgerüstet ist, erfolgte durch eine Kette, und auch von dem Getriebe zum Hinterrade war eine Kette als Kraftübertragungsmittel gewählt. Die gut gefederte Vorderradgabel war mit Stoßdämpfern ausgerüstet, und zweckmäßig gelagerte Fußraster dienten zur Abstützung der Füße, während ein Sportlenker dem Oberkörper des Fahrenden eine günstige Haltung ermöglichte.

Allright

Das Modell C2 ist ebenfalls noch in Köln erhalten. Der „brave" seitengesteuerte Jap-Viertakter bildet zusammen mit dem bewährten Burmann-Stockgetriebe ein feines Tourenpaket. Das hier dargestellte Modell ist von 1926 und hat zusätzlich eine für damalige Verhältnisse moderne, weil automatische, Ölpumpe.

Allright Modell C2, 1926,
Sammlung Nordmann

Ende der Motorradproduktion: KLM wird Zulieferer

1923 übernahmen die Köln-Lindenthaler Metallwerke ihren lokalen Konkurrenten Cito, der in wirtschaftlichen Schwierigkeiten steckte. Mit Cito erwarb KLM auch das Know-how der thüringischen Firma Krieger Gnädig, die ein Jahr zuvor mit Cito vereinigt worden war. Ab 1924 entstanden kardangetriebene Motorräder mit der Markenbezeichnung Allright K.-G., die den Kölnern abermals zu beachtlichen sportlichen Erfolgen verhalfen. Der Gewinn an Marktanteilen reichte dennoch nicht aus, um KLM dauerhaft und profitabel neben den inzwischen entstandenen Massenfabrikaten NSU, Zündapp, DKW und BMW zu etablieren.

Also gaben die Köln Lindenthaler Metallwerke 1927 die Produktion eigener Motorräder auf. Hinter dieser Entscheidung standen ganz nüchterne wirtschaftliche Überlegungen. Als Zulieferer für andere Motorrad-Fabriken ließ sich mehr Geld verdienen, als mit eigenen Maschinen. So produzierte KLM in den Folgejahren noch die in Fachkreisen hoch geschätzten Tiger-Gabeln (für die das Unternehmen sieben Auslandspatente hielt), Tiger-Bremsnaben, Steuerkopfdämpfer und Armaturen. Diese wurden zum Standard für viele Motorradhersteller in aller Welt. Daneben lief die nach wie vor gut florierende Fahrradproduktion weiter.

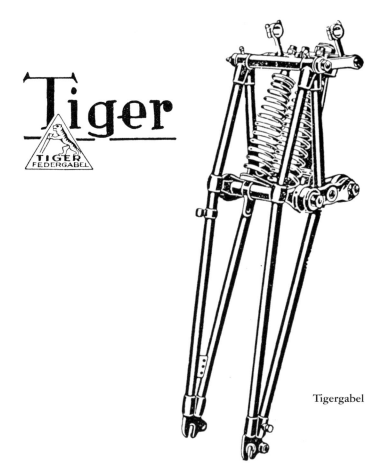

Tigergabel

Die stabile Tiger-Hinterrad-Bremsnabe mit Steckachse. (Dieses Modell besitzt noch keine Verschlußkappen.)

Tigernabe

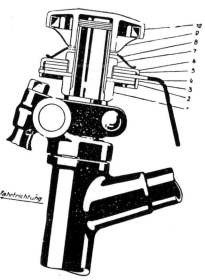

Schnitt durch einen Tiger-Steuerungsdämpfer.
1. Hauptmutter; 2. Bodenplatte; 3. und 5. Dämpferscheibe; 4. Haltearm; 6. Deckplatte; 7. Verschlußmutter; 8. Federkralle; 9. Arretierfeder; 10. Stellgriff.

Flatterbremse

Ein deutsches Schicksal:
Adolf Hanaus Leidensweg

Als alleiniger Besitzer der 1901 in die KLM Aktiengesellschaft umgewandelten Allright Fahrradwerke war die „Rheinische Handelsgesellschaft m.b.H." mit Sitz in Düsseldorf eingetragen. Sie gehörte neben anderen Unternehmen zum Konsortium des Bankhauses Hanau. Der jüdische Bankier Adolf Hanau, am 23. August 1878 in Roden/Saarlouis geboren, und sein Gesellschafter Lois Helkenberg hatten eine moderne, mit wirtschaftlichem Weitblick geführte erfolgreiche Unternehmensgruppe geschaffen. Selbst in schwierigen Zeiten war man durch geschickte Finanzpolitik in der Lage, die Firma weiterzuführen und sogar zu expandieren, indem man Konkurrenten übernahm, die durch die Wirtschaftkrise in Not geraten waren, so z. B. 1923 die Klettenberger Firma Cito mit ihren Zweigwerken in Siegburg und Suhl.

Doch auf das krisengeschüttelte Deutschland kam noch ein schlimmeres Unheil zu. Nicht erst seit der Machtübernahme der Nationalsozialisten 1933 mussten die jüdischen Kaufleute mit Boykotten kämpfen. Schon 1932 entschloss sich Adolf Hanau, dem Drängen seines langjährigen Freundes und Gesellschafters Lois Helkenberg nachzugeben und seine Unternehmen vorsichtshalber in vertrauensvolle „arische" Hände zu legen. Lois Helkenberg war in größter Sorge um seinen jüdischen Freund und Förderer Adolf Hanau. Und er gehörte einflussreichen Kreisen an, die politische Umwälzungen und eine Machtübernahme der Nazis erahnten und fürchteten.

Die Wahl fiel auf Conrad Brüsselbach. Dieser bewohnte die Dienstvilla gegenüber den Werkstoren an der Neuenhöferallee und hatte sich „von der Pike" auf zum Betriebsleiter hochgearbeitet. Er genoss das Vertrauen des Kommerzienrates Hanau. Nach anfänglichem Zögern griff Brüsselbach zu, als er die gesamten Fabrikations-

anlagen inklusive gut ausgebautem Händlernetz zum „Freundschaftspreis" angeboten bekam. Der Grund und Boden mit allen darauf befindlichen Gebäuden blieb aber im Besitz der Rheinischen Handelsgesellschaft. Diese trat nun nur noch als Vermieter auf.

Besuch bei einem Kölner Radrennen, 1929

Am 3. März 1932 schrieb Kommerzienrat Hanau an den „Direktor Brüsselbach" folgenden Brief, der erhalten geblieben ist:

„Die Stunde der Vertragsbestätigung naht, und es darf keine Zeit mehr für die Umgestaltung verloren gehen. Herr Helkenberg und ich haben uns die Sache nochmals genau durch den Kopf gehen lassen. Es ist tatsächlich so, dass, wenn Sie das Werk in diesem Sinne weiterführen, selbst bei einem Umsatz von RM 360.000,00 bis RM 450.000,00 Sie außerordentlich profitabel arbeiten werden. ... Nun bitte ich Sie, mit aller Tatkraft durchzugreifen. Es liegt schon in der Natur der Sache, und so wollen wir hoffen, dass wir noch in etwas vorgerückten Jahren viel Freude an dem Unternehmen haben werden. Heute schon an dieser Stelle Glückauf und guten Erfolg! Es wird schon klappen.

Mit besten Grüßen,
Ihr Adolf Hanau"

Ein deutsches Schicksal

Adolf Hanau und Lois Helkenberg verlegten ihren Wohnsitz von Düsseldorf in die Reichshauptstadt Berlin. In der Metropole hoffte Hanau unerkannt die neuen Verhältnisse überleben zu können. Noch ahnte man nicht, zu welchen Taten sich ein großer Teil der deutschen Mitbürger hinreißen lassen würde. Brüsselbach und sein Schwiegersohn F. Rolf, der mittlerweile zum Direktor der Lindenthaler Metallwerke aufgestiegen war, nutzten die Gunst der Stunde und mutierten in den folgenden Jahren zu dem „Typ des Deutschen", der Andersdenkenden, Ausländern und vor allem Juden keinen Platz mehr lassen wollte im „neuen Großdeutschen Reich".

In diesen schweren Zeiten versuchte Helkenberg zu retten, was zu retten war. Umsonst. „Am 25. 11. 1942 verstarb der Jude Hanau im Konzentrationslager Auschwitz an Herzversagen", jedenfalls teilte man diese Todesursache dem mutigen Lois Helkenberg mit. Er hatte sich bei einem der zahllosen Verhöre bei der Gestapo nach dem Schicksal seines Freundes erkundigt. „Die Überführung der Asche", erklärte man ihm, „ist aus rassehygienischen Gründen nicht gestattet..."
Erschütternde Dokumente sowie Briefe Helkenbergs an die einzig überlebende Tochter Hanaus legen ein bedrückendes Zeugnis vom Schicksal der Familie seines Freundes ab. Ihr gelang mit Hilfe Helkenbergs auf abenteuerlichen Wegen die Flucht von Berlin nach Südamerika. Hanaus Schwiegersohn brachte sich bei seiner Verhaftung selbst um. Die Mutter von Adolf Hanau wurde nach Theresienstadt deportiert. Aufgrund ihres hohen Alters wurde sie sofort vergast.

Betriebsfeier Allright, 1942

„Werde ich wohl je wiederkommen?", waren ihre letzten Worte an Lois Helkenberg, der bei ihrer Verhaftung anwesend war.

Conrad Brüsselbach und Direktor F. Rolf reagierten wohl sehr verärgert, als Lois Helkenberg nach dem Zusammenbruch des Dritten Reiches die ursprünglichen Vertragsbedingungen beim Oberfinanzpräsidenten der Stadt Köln einklagte. Hatte man doch gehofft, neben Hanau auch den lästigen Helkenberg in den Wirren des Zusammenbruchs losgeworden zu sein. Da man sich im Hause Brüsselbach schon Anfang der 40-er Jahre als rechtmäßiger Besitzer sah, obwohl es nie zu einer Überschreibung der Immobilien gekommen war, zahlte man auch keine Miete mehr. „Der Jude ist am Ende", resümierte Brüsselbach und Friedrich Rolf führte einen nationalsozialistischen Musterbetrieb.

Direktor Friedrich Rolf: Der neue Direktor inmitten seiner Produkte

Die Cito-Fera mit seinem späteren Besitzer. 2001 von Bernhard Erfort neu aufgebaut und 2002 in ihr zweites Leben zugelassen.

Das „Hermännchen": Ein Volksmotorrad der 30-er Jahre

Kölner Firmen und Marken

1928 hatte man den Bau von richtigen Motorrädern bei Allright zwar aufgeben, aber an den kleinen, im Volksmund „Hermännchen" genannten Zweitakt Modellen mit „obenliegender Aktentasche" kam keine der großen deutschen Zweiradfirmen vorbei.

Der Legende nach ordnete Hermann Göring Mitte der 30-er Jahre den Bau von günstigen Leichtmotorrädern an. Der deutsche „Volksgenosse" sollte mobil sein und schnell zur Arbeit kommen. Viele Hersteller im damaligen Deutschland schufen ein fast baugleiches 98-er Leichtmotorrad. Die meisten waren mit dem unverwüstlichen 98-er Sachs-Motor ausgerüstet.

Als der etwas übergewichtige Göring sich auf ein solches Kleinmotorrad setzte, um es zu begutachten, sollen es die anwesenden Arbeiter grinsend „Hermännchen" getauft haben. Diese Bezeichnung hielt sich auch noch nach dem Zweiten Weltkrieg hartnäckig im Kölner Sprachraum für Kleinmotorräder.

Cito-Fera in Besitz von Bernhard Erfort

Das „Hermännchen" aus der Sammlung Nordmann kam 1939 in Lindenthal auf die Welt und wurde vom unverwüstlichen 98 ccm Motor (2,3 PS) angetrieben. „Kleinstes Kraftrad mit Tretkurbel" wurde das 98 ccm Motorfahrrad genannt. Interessanterweise wurde der Kraftfahrtypenschein noch vom Chef Conrad Brüsselbach höchst persönlich mit Tinte unterschrieben, dann ging Nr.178978 an einen gewissen „Landarbeiter Johann Meyer". Dieser wohnte in Delbinghausen (Nienburg/Weser) und fuhr das Fahrzeug mit dem amtlichen Kennzeichen IS-250993 bis zum 11. Dezember 1953. Dann wurde es von Wilhelm Witte durch die Wirtschaftswunderzeit „geprügelt". Man kann sich vorstellen, dass solch ein schon damals antikes Fahrzeug in einer Zeit, in der Deutschland sich langsam Kleinwagen leisten konnte und Motorräder ausrangiert wurden, keinen hohen Wert mehr besaß. Das änderte sich jedoch grundlegend einige Jahrzehnte später. Mittlerweile war die Maschine bei einem Spekulanten gelandet und zu einem hochgeschätzten „Oldtimer" avanciert. Dieser Spekulant hatte von einem „Verrückten" gehört, der sich vorgenommen hatte, „kölsche Motorräder nach Hause zu holen".

Über den Rest der Geschichte und den Preis für die Heimkehr des Fahrzeugs ist Schweigen geboten.

Die 98-er von KLM wurde entweder als „Allright Weltmeister" oder „Cito-Fera" angeboten. Es handelte sich aber um das identische Modell. Einer dieser Cito-Fera Modelle ist im Jahr 200 von Bernhard Erfort restauriert wurden. Der Erstbesitzer dieser Maschine, Johannes Wahle, ist im April 1945 in Norditalien gefallen. Sein Motorrad jedoch blieb in Familienbesitz.

98-er Allright Weltmeister, Sammlung Nordmann

Lois Helkenberg

Sang- und klanglos:
Das Ende von KLM in Köln

Am 1. April 1946 kam es zwischen dem Deutschen Reich, vertreten durch den Oberfinanzpräsidenten zu Köln, der Tochter Hanaus, vertreten durch den Verwalter Helkenberg und schließlich der Firma Conrad Brüsselbach als Mieter, zu einem Vergleich und der Zahlung von RM 1870 als Gesamtmiete. Für Helkenberg und die Hanau-Tochter war dies die erste Gerechtigkeit nach vielen Jahren. Dennoch sah sich Helkenberg immer wieder Prozessen, Verleumdungen und einem stets ungleichen Kampf gegen alte Seilschaften ausgesetzt. Einige Jahre später gab Friedrich Rolf nach und verlegte die Produktion nach Hürth-Efferen. Dort produzierte er noch bis in die 60-er Jahre Fahrräder und Mofas unter dem Namen „Allright/Cito Conrad Brüsselbach Fahrradfabrik". Er starb am 15. August 1978. Anfang der 50-er Jahre waren die Kriegsschäden beseitigt und das Werksgelände wurde von verschiedenen Mietern (Waschmittelproduktion, Holzbearbeitungsmaschinen usw.) genutzt. Das alles zerrte an der Seele von Lois Helkenberg, der nach dem Verkauf des Geländes an die Immobiliengesellschaft „Dr.-Rüger-Gruppe" am 17.04.1971 verstarb.

So endet die Geschichte der ersten Fahrradfabrik Kölns. Auf ihrem geschichtsträchtigen Gelände befindet sich heute eine unscheinbare Reihenhaussiedlung. Kein Bewohner wird wohl die vielen Geschichten kennen, die sich dort ereigneten und die in der Vergangenheit so viele Menschenschicksale bestimmt haben.

Cito: Die Konkurrenz aus Klettenberg

Kölner Firmen und Marken

Cito war neben Allright das zweite Kölner Pionierunternehmen des Zweiradbaus. Die 1896 gegründete Firma baute Fahrräder, Motorräder und Autos – mit wechselndem Erfolg.

Citos zwei Erfolgsrezepte: Qualität und fortschrittliche Technik

Die Cito-Direktoren Heinrich und Albrecht setzten mit Hilfe von Kapitalgeber Leo Hirsch voll auf innovative Produktentwicklung, wie man heute zu sagen pflegt. *„Es gibt zwar Räder die billiger als Cito, aber keine die besser sind!"*, behauptete man stolz ab 1896 in Klettenberg und verwies auf die dort erfundenen „Mikron"-Pedalgetriebe. In der Tat war man der Konkurrenz voraus. Naben und Pedalgetriebe wiesen einen hohen Qualitätsstandard durch erheblich geringere Reibungsverluste auf. Dieser wurde durch die neuen konzentrischen Ringkugellager erreicht, welche nahezu wartungsfrei und völlig staubgeschützt waren. Das war eine damals nicht handelsübliche Präzisionsarbeit, die nur Dank eines hochmodernen Maschinenparks und tüchtiger Konstrukteure und Arbeiter möglich war.

Schon 1899 firmierte das ambitionierte Unternehmen als Aktiengesellschaft. Auf der 41. Hauptversammlung des Vereins Deutscher Ingenieure 1900 in Köln präsentierte man den staunenden Teilnehmern sogar einen Motorwagen, welcher neben dem modernen Werkzeugmaschinensaal sogar in der Festschrift abgebildet war. Im Geschäftsbericht der Aktionärsversammlung Mitte 1902 wurde dann verkündet, dass man sich fortan der äußerst lukrativen Fertigung von Motorzweirädern widmen würde. Schon vorher hatte man erfolgreiche Entwicklungsarbeit betrieben, und die vor 1902 entstandenen Prototypen funktionierten tadellos.

Aufgrund der ungünstigen Kapitallage in Deutschland wurde der Automobilbau bereits 1901 zugunsten kleinerer Fahrzeuge zurückgestellt.

Cito Werbung, Jahrhundertwende

Leichte Tourenmaschine

Luxus-Damenmaschine

Damenmaschine

Luxus-Strassenrenner

Strassenrenner

Cito-Bahnrenner

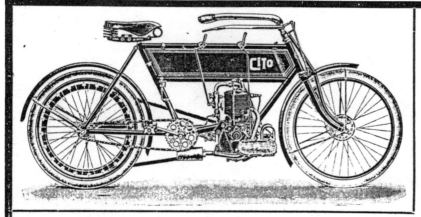

Cito Motorräder

Das im Jahre 1903 gefertigte, erste Cito-Motorrad besaß, wie noch allgemein üblich, einen kurzen, jedoch verstärkten Fahrradrahmen mit entsprechender Gabel. Das Vorderrad wurde mittels einer eingespeichten Bandbremse verzögert. Gas und Zündung waren über Hebelchen links und rechts des Tanks über Stangen verstellbar, wie z. B. auch bei den frühen Allright Motorrädern. Schon ein Jahr später wich der kurze einem eleganten, langgestreckten Rahmen mit weit nach hinten auslaufender „federnder" Lenkstange.

Von der ersten „kurzen" Cito ist ein einziges Fragment erhalten geblieben. Über Magneten und Motorennummer identifiziert, handelt es sich tatsächlich um eins der ersten 1903-04 erschienen 3 PS „Schnüffelmodelle". Ein wunderschön erhaltenes, seitengesteuertes „Langmodell" (also ab 1905) ist im Besitz eines norddeutschen Sammlers. Ab 1910 wurde die Produktpalette um ein zweizylindriges Modell erweitert. Wahrscheinlich hat aber kein solches Zweizylinder-Motorrad die Zeiten überlebt.

Cito - Langmodell, ca. 1906

Fotos rechts: Reste eines der ersten kurzen Modelle um 1903/4 (Rahmen verändert)

Fafnir-Motoren

Die Motoren bezogen die Kölner von den Aachener Stahlwerken, deren Aggregate unter dem Namen „Fafnir" bekannt wurden. Bei Fafnir hatte man sich als Hersteller von Fahrradteilen und Speichen entschlossen, nebst eigenen Motorrädern den „neuen Markt" mit Einbaumotoren zu beliefern. Die Aachener schufen einen wirklich guten Motor, der von einigen Pionierfirmen im In- und Ausland geschätzt und über Jahre hinweg verwendet wurde. Stets verbessert, folgten bald Zweizylinder- und auch Blockmotoren. Diese Motoren wurden auch in der ab 1905 wiederaufgenommen Automobilproduktion verwendet. Die Entwicklungsabteilung bei Fafnir lieferte ab 1905 einen neuen, bereits seitengesteuerten Motor.

„Erstes mobiles Landsturm Infantrie Bataillon Cöln"

Höhenflüge und Enttäuschungen: Cito auf Schlingerkurs

Der Automobilbau endete bei Cito bereits 1910. Der potentielle Käuferkreis für qualitativ hochwertige Luxusfahrzeuge und Kleinwagen war, wie sich nach 1910 herausstellte, zu klein, um noch rentabel zu sein. So beschränkte man sich bereits vier Jahre vor Kriegsausbruch ausschließlich auf Fahrräder und Motorräder. Mit dem Ersten Weltkrieg wurde dann aber auch die Motorradproduktion eingestellt.

In Kriegszeiten stellte man die Fertigung u. a. auf Geschützlafetten um. Das füllte die „Kriegskassen" der Cito AG in Klettenberg und nach dem Ende des Krieges dachte man schon ab 1919 an die Produktion eines neuen, eigenen Motorrades.

Cito 2-Takt Motor, 1921

Frühe Cito K.-G., erste Ausführung

Es wurde in den Jahren 1919-20 entwickelt und mit einem eigenen 346 ccm Zweitakt-Motor mit außenliegender Schwungscheibe und 2-Gang-Getriebe ausgestattet. Welche Fahreigenschaften die eigens für dieses Modell entworfene Federgabel besaß, darüber kann man heute wohl nur noch spekulieren, da wahrscheinlich kein Exemplar dieses Modells überlebt hat.

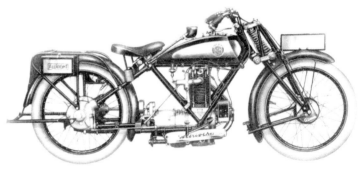

Allright K.-G., späte Ausführung

Noch 1922 schien die Situation von Cito vielversprechend. In diesem Jahr fusionierten die Cito Fahrradwerke, die selbst im thüringischen Suhl eine Zweigniederlassung besaßen, mit der dortigen Firma Krieger-Gnädig. Diese betrieb eine für die damaligen Verhältnisse hochmoderne Fabrik und stellte hochgelobte Motorräder mit Kardanantrieb her, kam aber nicht aus den roten Zahlen heraus. Cito hoffte auf Grund der besser ausgebauten Vertriebsorganisationen schon bald einen größeren Marktanteil zu erobern. Große Werbeaktionen und eine noch stärkere Rennbeteiligung mit Klassefahrern, besonders bei Bergrennen, stellten die Überlegenheit der fortwährend verbesserten K.-G., bzw. Cito unter Beweis. Kein lästiges Ketten- oder Riemenspannen, dank nahezu wartungsfreien Kardanantriebs. Auch die Töchter der Kölner Geschäftsführer fuhren die attraktiven Kardanmaschinen.

Trotzdem kam im Inflationsjahr 1923 das Ende der Firma, als die schlechte Wirtschaftslage motorisierte Fahrzeuge für viele Menschen unerschwinglich machte und neben Cito auch andere Hersteller Kon-

Die Töchter der Klettenberger Firmeninhaber Heinrich und Albert auf Cito K.-G. Motorrädern

kurs gingen. Der Name Cito war zwar untrennbar mit hohem Qualitätsstandard und bedeutenden Sporterfolgen verbunden, aber wer fragte schon angesichts der katastrophalen Wirtschaftslage und Geldentwertung nach technischen und sportlichen Errungenschaften? Die Wenigen, die überhaupt noch in der Lage waren, ein Fahrzeug zu erwerben, interessierten sich in erster Linie für den Preis.

Die Köln-Lindenthaler Metallwerke übernahmen 1923 den nunmehr seit 27 Jahren bestehenden Konkurrenten in Klettenberg. Sie standen, gestärkt durch Finanzspritzen der Rheinischen Handelsgesellschaft und Deviseneinnahmen aus Exportgeschäften, wirtschaftlich wesentlich besser da.

Nach dem Ende der Motorradproduktion bei KLM verkaufte die Rheinische Handelsgesellschaft im Jahre 1928 für 300.000 Reichsmark das Cito-Industrieareal entlang der Luxemburgerstraße 280 an die damalige Daimler-Benz AG, die heute zum Daimler-Chrysler Konzern gehört. Damit endete auf diesem Gelände ein bedeutendes Kapitel Kölner Fahrzeugindustrie. Erhalten geblieben sind nur einige Cito K.-G.-Motorräder, die nach der Cito-Übernahme von den Köln-Lindenthaler Metallwerken in Allright K.-G. umgetauft wurden.

Bescheinigung

über die Zugehörigkeit eines Kraftrades zu der fabrikmäßig hergestellten und behördlich zugelassenen Gattung mit dem Kennzeichen

Allright K.-G.

Typenbescheinigung.

(Bescheinigung über die Zulassung einer Gattung von Krafträdern.)

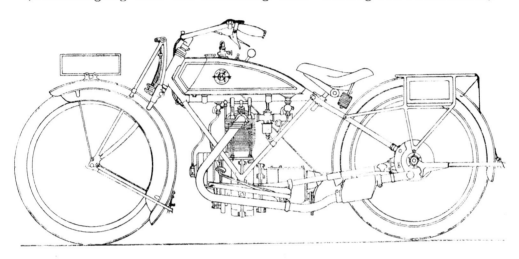

Auf Grund des § 5 Absatz 3 der Verordnung über den Verkehr mit Kraftfahrzeugen vom 3. Februar 1910 wird der Firma Köln-Lindenthaler Metallwerke A. G., Köln-Lindenthal, nach vorgenommener sachverständiger Feststellung, daß die fabrikmäßig gebaute Gattung des in anliegender schematischer Zeichnung und nachstehender Beschreibung dargestellten Kraftrades den gemäß §§ 3,4 der Verordnung zu stellenden Anforderungen entspricht,

die Ermächtigung erteilt,

den Abnehmern derartiger Krafträder eine mit laufender Nummer versehene Bescheinigung nach beifolgendem Muster mit der Wirkung zu verabfolgen, daß diese das im § 5 Absatz 2 der Verordnung geforderte Gutachten des amtlich anerkannten Sachverständigen ersetzt.

Die Fahrzeuge werden wie folgt gekennzeichnet:

1. Firma, die das Fahrzeug hergestellt hat:
   Köln-Lindenthaler Metallwerke A. G. Köln-Lindenthal

2. Kennwort oder Unterscheidungszeichen für den Typ:
   Kraftrad zur Personenbeförderung Typ 1922

3. Art der Kraftquelle: Explosionsmotor

4. Bauart des Motors: Viertaktmaschine

Zeitweise kölsch: Krieger Gnädig

Kölner Firmen und Marken

Die unscheinbar klingenden Geschäftsinitialen K.-G. verbergen ein bedeutendes Stück Technikgeschichte. K.-G. steht für Krieger und Gnädig. Die Brüder Karl, Oskar, Max und Peter Krieger bildeten in den Pionierzeiten der Motorisierung zu Lande und in der Luft ein außergewöhnliches Quartett. Die Berliner stellten sich, versehen mit überdurchschnittlicher handwerklicher Begabung, in geradezu draufgängerischer Weise den technischen Herausforderungen. Karl Krieger, Chauffeur des Kaisers Willhelm II., war von der Fliegerei derart fasziniert, dass er seinen Arbeitgeber um Urlaub bat, denn er wollte einen eigenen Flugapparat bauen. Den Motor gab es laut Ewald Dähn („Die Motorräder aus Suhl") als Geschenk des Kaisers und 1911 erwarb Karl Krieger auf seinem selbst gebauten Eindecker die Fluglizenz Nr. 113. Fortan widmeten sich die rastlosen Brüder dem Flugzeugbau. Der Waffenstillstand und der verlorene Krieg bedeuteten jedoch erst einmal Stagnation, denn die Deutschen durften keine Flugzeuge und sonstiges kriegsverwendungsfähiges Material mehr herstellen. So entschlossen sich die Krieger-Brüder gemeinsam mit dem dazu gestoßenen Konstrukteur Franz Gnädig zum Bau des ersten deutschen Kardanmotorrades, drei Jahre vor der später als epochal gepriesenen BMW-Entwicklung!

Viele Ideen und die Präzision des Flugzeugbaus machten die Maschine zu einem außergewöhnlich modernen Fahrzeug. Revolutionär war, dass die Räder eine Steckachse besaßen und untereinander austauschbar waren. Fuß- und Handbremse wirkten auf das Hinterrad. Die Kardanwelle fand Schutz im Hinterrahmen. Der 500-er Motor hatte eine automatische Ölpumpe, bestehend aus zwei Pumpsystemen: Eines um das Frischöl vom Ölbehälter zu den Schmierstellen zu fördern. Das zweite zur Rückführung des Ablauföls aus der Wanne in den Behälter. Nach anfänglichen Schwierigkeiten kam ein Motorrad heraus, das von vielen Rennfahrern mit gutem Erfolg bei zahlreichen Rennen und Zuverlässigkeitsfahrten eingesetzt wurde.

Die doppelte Übernahme

Doch alle Bemühungen fielen, wie so oft in der Fahrzeuggeschichte, der schlechten Wirtschaftslage zum Opfer. 1922 verlor Krieger Gnädig seine Unabhängigkeit an die Cito-Werke, die wiederum 1923 in die Köln-Lindenthaler Metallwerke eingegliedert wurden.

Nach dem Auswechseln der Führungskräfte in dem neu erworbenen Suhler Betrieb ließ KLM die K.-G.-Fertigung zunächst unverändert weiterlaufen. Doch in Köln hatte man Größeres geplant und glaubte fest daran, diesem außergewöhnlichen Motorrad doch noch zum großen kommerziellen Durchbruch verhelfen zu können. Mitte 1924 wurden die Betriebsanlagen von Suhl nach Köln verlegt. Ebenfalls wurden auch qualifizierte Fachkräfte dazu bewogen, mit ihren Familien nach Köln überzusiedeln. In Köln wurde der Kardanantrieb weiter modifiziert, und die mittlerweile zur Allright K.-G. gewordene Maschine bekam die weltweit berühmte Tigergabel verpasst. Bei der Deutschlandfahrt 1924, die als „größte Material-Prüfungsfahrt" beworben wurde, gab es für die Allright K.-G. die Goldplakette für die Werksmannschaft. Bester Privatfahrer wurde der Kölner Knibbecke; er erhielt den Ehrenpreis der Stadt, auch er fuhr eine Allright K.-G.

„...Am letzten Sonntag (1. Juni 1924) hatten die Fahrer der Köln Lindenthaler Metallwerke Abtl. Suhl wieder einen guten Tag. Bei drei verschiedenen Rennen holten sie für ihre Maschinen die Goldene Medaille..."
(aus: Suhler Zeitung, Juni 1924)

Der letzte Versuch

Chronisten bescheinigten der Allright K.-G., eines der modernsten, sportlichsten und technisch ausgereiftesten Motorräder seiner Zeit gewesen zu sein. Dennoch waren ihre Tage gezählt, und mit der Aufgabe der Motorradproduktion bei den Köln-Lindenthaler Metallwerken 1927 schien ihr letztes Stündlein geschlagen zu haben. Aber die „K.-G." sollte noch nicht sterben. Der Mäbendorfer Unternehmer Paul Henkel war sofort bereit, die Produktion und den Ersatzteilbestand wieder zurück nach Thüringen zu holen. Mit hohem finanziellen Aufwand baute er sogar das noch vorhandene Fabrikgelände in der Nähe von Suhl aus. Anfangs wurde das K.-G. Motorrad noch unter dem Namen „Original Allright K.-G." vertrieben. Doch gegen die allmächtige Großserien-Konkurrenz von NSU, Zündapp oder DKW war kein Kraut gewachsen. Trauriger Höhepunkt war der Selbstmord des mittlerweile erkrankten Firmenchefs Paul Henkel im Jahre 1931. Sein Erbe wurde in den heute noch vorhandenen Fabrikhallen in Mäbendorf weitergeführt. Zwischen 1934 und 1936 entstanden nur noch 12 Motorräder. Dann war endgültig Schluss.

Allright K.-G. wieder in Suhl.
Zugunsten der Produktion von Zubehörteilen wurde Ende 1927 bei KLM die gesamte Motorrad Produktion eingestellt.

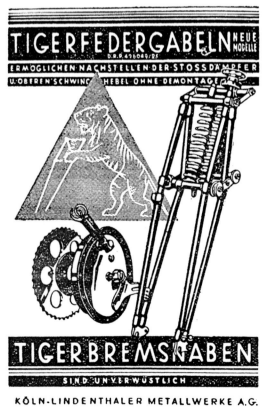

KMB - 1100 ccm, 1925

KMB aus Kalk: Imperia setzt neue Maßstäbe

Kölner Firmen und Marken

Der Ursprung von Imperia liegt in Köln. Die erste „Imperia" entstand in Köln-Kalk bei der „Kalmag" im Jahr 1923. Dort wurden unter der Leitung des Direktors Jakob Becker auch die KMB Motorräder gebaut, die von vielen Kölner Rennfahrern, u. a. von Adolf Esch, dem späteren Hersteller von Esch-Rennmaschinen, gefahren wurden. Becker baute in Kalk zunächst Motorräder unter der Bezeichnung „Imperiette", die ihm 1924 offiziell vom Reichspatentamt in der Klasse 10 (Land-, Luft- und Wasserfahrzeuge, Automobil-, Fahrräder, Motorräder, Automobil-, Fahrrad- und Motorradzubehör, Fahrzeugteile) eingetragen wurde. Dieser Name wurde jedoch nicht lange beibehalten.

Schon 1925 berichtete die Zeitschrift „Der Motorfahrer" über Imperia-Motorräder:

„Besonderer Wert wurde auf die Ausbildung des Rahmens gelegt, bei welchem sämtliche Knotenpunkte durch Muffen verstärkt sind. Die Vordergabel ist besonders kräftig durchgebildet. Um dem Fahrer bei hohen Geschwindigkeiten und abschüssigem Gelände ein absolutes Gefühl der Sicherheit zu geben, sind die beiden Nabenbremsen besonders groß dimensioniert worden. Die von der Hand betätigte Handbremse sowie die durch den Fuß betätigte Hinterradbremse beruhen beide auf dem Prinzip der Ausdehnungsbremse..."

Wilhelm Werminghaus (Lintorf), Imperia-Jap 350 cm², 1924 in Köln-Kalk gebaut

Die Imperias erwarben schnell sportlichen Ruhm durch viele Rennerfolge. Pilotiert bei Rennen wurden diese Maschinen insbesondere von Kölner Rennfahrern, u. a. Franz und Harry Herzogenrath, Willy Ehrlenbruch (Elberfeld) und Erich Pätzold. Doch diese rennsportliche Geschäftspolitik kostete Geld, zu viel Geld für den Kölner Unternehmer. Eines jedoch bleibt bestehen: Für Imperia fuhren die besten Rennfahrer ihrer Zeit aus dem Rheinland.

Das Ende in Köln und Neuanfang in Bad Godesberg

Ende 1925 schloss KMB, das heißt Beckers Köln-Kalker Maschinenfabrik, inklusive „Imperia", die Tore, und zu Beginn des Jahres 1926 wurden die Restbestände von der Bad Godesberger Maschinenfabrik (Inhaber Dr.-Ing. R. Schroedter und Felix Schroedter) übernommen. Das Resultat war die Entstehung der dortigen „Imperia Fahrzeugwerke G.m.b.H.", die sich ausschließlich im Familienbesitz befand. Damit wechselte auch der Firmensitz nach Bad Godesberg, wo die große Zeit dieser Firma begann. Die erste Typenreihe war teilweise noch auf die von Becker übernommene Fabrikation zurückzuführen.

Der Motorradverkauf wurde ein großer Erfolg. Schon im Mai 1927 waren 20 Arbeiter in der Montage damit beschäftigt, sechs Modelle nach Kundenwunsch in der Preisspanne von 1.420 bis 1.950 RM fertigzustellen.

Die Fachzeitung „Motor" berichtete im April 1927:
„*Als die bewährte Berufs- und Reisemaschine wird das Einzylindermodell von 500 ccm mit 12 PS und die Zweizylindermodelle mit 750 ccm und 1000 ccm von 16, bzw. 22 PS Bremsleistung geliefert. Ferner findet der verwöhnte Sportsmann in den Typen SS500H (500 ccm, 22 PS mit zwei Auspuffrohren) und SS600H (600 ccm, 24 PS, im Spezialniederrahmen) höchst entwickelte Sportmodelle.*"

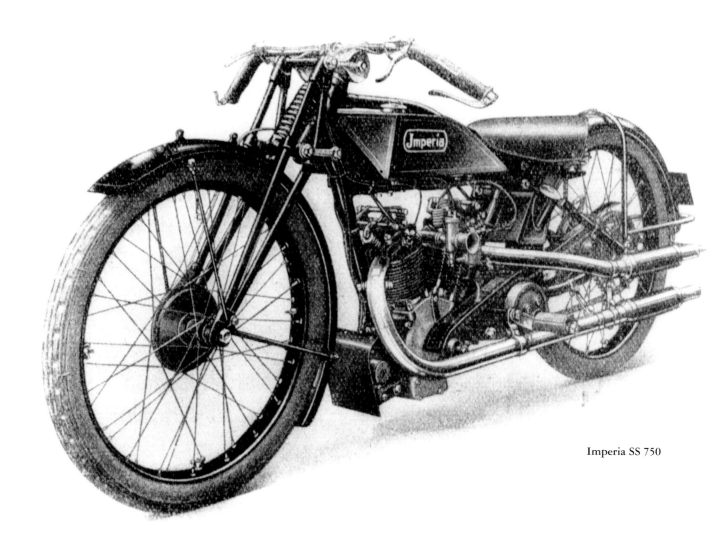

Imperia SS 750

Imperia-Rennfahrer

Bis zu diesem Zeitpunkt gab es eine ganze Reihe von Modellen, die meistens mit schweizerischen Motosacoche- oder englischen Jap-Motoren ausgerüstet waren. Dass man auch in Bad-Godesberg die Rennbeteiligung mit einem großen „R" schrieb, beweist die Zahl und die Namen der damaligen Imperia-Fahrer, zu denen u.a. auch Hans Soenius, Jupp Wenzel (auch auf Esch-Record und Sarolea erfolgreich), Schäfer, Erich Göhler, Kluetsch, Ignatz Rosenbaum, Emil Hobelmann (der auch Tornax, Andrees und UT fuhr), Ludwig Krämer, Max Scharrenbroich, Heinrich Berhausen, Willy Ehrlenbruch, Ernst Loof, Karl Schanz, Willi Arend, Karl Frenzen sowie Walter Colle und A. F. Dom gehörten.

Imperia wurde besonders in den 30-er Jahren zu einer der berühmtesten deutschen Motorradfabriken. Die Fahrer eilten von Sieg zu Sieg und errangen zahlreiche bedeutende Erfolge und etliche Meisterschaften. Nie hätte damals jemand gedacht, dass diese ruhmreiche Firma untergehen, geschweige denn jemals vergessen werden könnte.

Das Ende

Trotzdem kam das Ende. Vielleicht einer der Hauptanlässe war der Machtwechsel 1933. Die neue NS-Politik sah extrem hohe Schutzzölle für Auslandsimporte vor. Die Imperia-Werke bezogen aber bis dahin nahezu alle Motoren aus dem Ausland. Die deutsche Motorenkonkurrenz war kaum vergleichbar mit den kraftvollen, zugleich standfesten ausländischen Motoren, wie beispielsweise Jap aus England. So war man bei Imperia gezwungen, einen eigenen Motor zu konstruieren, doch dies war natürlich ein finanzieller Kraftakt. Zudem „forschte" und versuchte man sich bei Imperia an weiteren kostspieligen Projekten, etwa der Produktion eines Wagens.

Insgeheim hatte man bei Imperia auf einen der lukrativen Verträge des Deutschen Reiches gehofft, um die Deutsche Wehrmacht mit Fahrzeugen versorgen zu dürfen. Diese Aufträge erhielten jedoch BMW und Zündapp, die schon seit Jahren eigene Motoren zuverlässig auf den Straßen hatten.

So konnte auch der Imperia-Rennfahrer und Ingenieur Ernst Loof den Konkurs nicht verhindern. 1935 war dann endgültig Schluss und ein weiteres Kapitel deutscher Motorrad-, vor allem aber Sportgeschichte beendet.

Imperia 500-er H-Modell, 1929, Sammlung Nordmann

500-er Esch Record Sportmodell, 1929, Sammlung Nordmann

Esch Record: Das Motorrad aus der Küche

Kölner Firmen und Marken

Die Motorradmarke Esch-Record wurde nach ihrem Gründer und Besitzer Adolf Esch benannt. Adolf Esch, geboren 1897, war selbst aktiver Rennfahrer seit den 20-er Jahren. Vor seiner Motorradlaufbahn zählte Esch zu den bekannteren Kölner Radrennfahrern. Ein schon Anfang der 20-er Jahre diagnostizierter Herzfehler zwang ihn dann zum Umstieg vom Fahrrad- auf den Motorradsattel. Und dies wurde ein sehr erfolgreicher Wechsel: 1925 errang Esch die deutsche Vizemeisterschaft in der 350 ccm Klasse auf einer Chatér-Lea. Meister wurde übrigens der Kölner Hans Soenius auf der Köln Kalker Imperia. Sponsorenverträge gab es schon damals: Adolf Esch wurde unterstützt von der Werbegemeinschaft deutscher Benzolerzeuger (Werbespruch 1925: „Benzol ist mehr wert als Benzin …Benzol = Höchstleistung + Betriebssicherheit") und der Firma „Schlee-Kerzen" (Birkwitz, Bezirk Dresden).

Esch-Record war niemals eine große Massenfabrik, sondern eine kleine, aber feine Manufaktur von edlen Sportmotorrädern, überwiegend mit ohv-Sportmotoren. Schon der Namenszusatz „Record" lässt vermuten, dass die Motorräder speziell für den Motorsport konzipiert waren. Esch produzierte niemals Masse, stets aber höchste sportliche Klasse.

„Die ersten Motorräder", so erzählte der legendäre Breitscheider Motorradfabrikant August Wurring (1901-1991), „baute Adolf Esch in der Küche seiner eigenen Wohnung" (Anm. Isabellenstrasse 19). Er setze dabei seine Rennerfahrungen in die Praxis um. Die ersten Abnehmer von Esch-Motorrädern waren dann auch seine Sportkameraden - auf Bahn und Strasse. Die Motorräder wurden „vom Chef höchstpersönlich" im Wettkampf eingesetzt und geprüft. Berühmte Kölner Esch-Fahrer waren „Jupp" Wenzel und der im Buch näher beschriebene „Willy" Etzbach. Als die Auftragsbücher sich mit immer mehr Anfragen füllten, nun auch weit über die Grenzen von Köln hinaus, da reichte natürlich die heimische Wohnung nicht mehr aus. Adolf Esch bezeichnete seine Firma als „mechanische Werkstätte". Zeitweise betrieb Adolf Esch auch ein Motorenwerk in der Tritschgasse 32 und eine Zweigstelle am Weichserhof 31.

1941 starb Adolf Esch im Alter von nur 44 Jahren. Sein Herzfehler war ihm zum Verhängnis geworden. Zudem war seine Gesundheit durch schwere Rennunfälle auf der Riehler Rennbahn schwer beeinträchtigt. Zweimal war er fast für Tod erklärt worden und einmal war sein Zustand so ernst, dass bereits Kränze bestellt worden waren!

Foto rechts:
500-er Renn Esch-Record wird zum Einsatz geschoben, Riehler Bahn, 1926

Werkstatt Esch Record
(heute Zufahrt zur Severinsbrücke)

Auf der Venloerstrasse „direkt am Westbahnhof" existierte auch nach dem Krieg eine Geschäftsadresse von Esch Record. Die Firma wurde von Adolf Eschs Tochter Anneliese mit den übriggebliebenen Teilen aus der Vorkriegszeit und den alten Geschäftsverbindungen weitergeführt. In Anzeigen warb man noch in den 50-er Jahren mit dem Hinweis „erstes Kölner Motorrad-Ersatzteil-Geschäft" zu sein: „Adolf Esch liefert sämtliche Motoren und Getriebeteile in- und ausländischer Fabrikate ab Baujahr 1928...".

1971 wechselte man das Geschäftsfeld und der alte Firmenname wurde niedergelegt. Eines jedoch hat die Tochter in Ehren behalten: Die Medaillen und Pokale ihres erfolgreichen Vaters.

Rheinlandfahrt, 1928

Etzbachs Sieg in Breslau, 1927

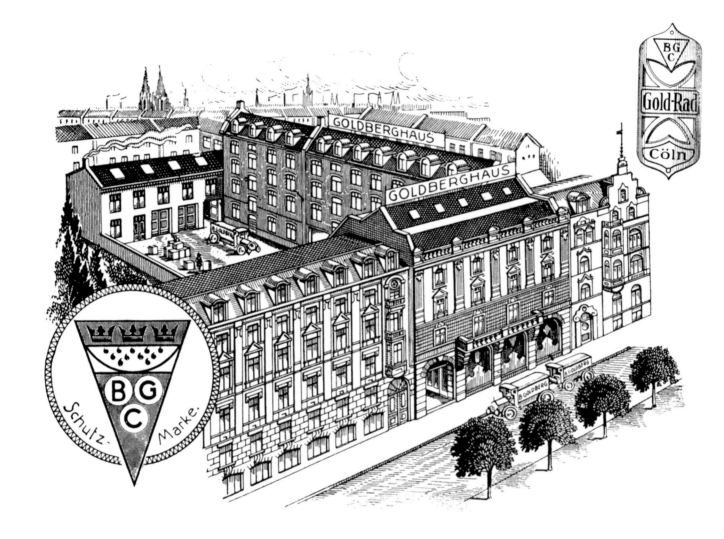

Gold-Rad: Als Überlebenskünstler durch mehr als 100 Jahre

Kölner Firmen und Marken

B. Goldbach: Vom Fahrradladen zum Handelsriesen

Das Familienunternehmen Goldberg und seine Fahrräder feierten 1992 ihr 100-jähriges Firmenjubiläum. Damit hat das Traditionsunternehmen am längsten von allen Kölner Zweiradfirmen durch die Wirren der Zeit überdauert. Ewig in den Geschichtsbüchern wird Goldberg als Hersteller der Rennmaschine für den Olympiasieger 1936 Toni Merkens stehen.

Die Geschichte von Goldberg beginnt schon im Jahre 1892, als Benjamin Goldberg, am Ende seiner „Wanderschaft", auf die er sich, wie damals üblich, nach Abschluss seiner Lehre als Polsterer begeben hatte, das verschlafene Städtchen Siegburg bei Bonn erreichte. Am 1.August 1892 gründete er die Firma B. Goldberg, in der er zunächst seinen erlernten Beruf als Polsterer und Möbelhändler ausübte. Sein wirkliches Interesse galt aber offenbar nicht der Polsterei, denn wenig später wandte er sich technischen Geräten zu, und er bemühte sich um die Vertretung namhafter Nähmaschinen- und Fahrradhersteller, beispielsweise der Kölner Allright-Räder. Der Gedanke, Fahrräder unter seinem eigenen Namen zu vertreiben, ließ ihn nicht los, und so erfand er den Namen Gold-Rad für seine Produkte. Er ließ sich diesen Namen schützen, und damit konnte er sich von den damaligen Konkurrenten abgrenzen, da niemand seine Marke kopieren durfte.

1910 Umzug nach Köln

Nach zügiger Expansion wechselte die Firma Goldberg den Standort und siedelte 1910 nach Köln um. Dort fand sie eine erste Bleibe in den gemieteten Räumen Deutscher Ring 70-72, Ecke Niederichstraße. Tagelang schleppten Arbeiter Tonne um Tonne Material vom LKW in bereits vormontierte Regale.

Im Ballungsraum Köln blies der Wind des Wettbewerbs erheblich stärker als in der Provinz. Magere Anfangsjahre am neuen Standort mussten durchstanden werden und Benjamin Goldberg reiste oft mit seinem Stoewer-Automobil selbst weit bis nach Holland hinein, um auch dort seine Fahrräder zu verkaufen. Dennoch wurden die Räumlichkeiten bald zu klein und der Umzug zum eigentlichen Firmenstammsitz, in die Gebäude Hansaring 104 und Lübecker Straße 8, konnte 1912 vollzogen werden. Die Grundstücke lagen Rücken an Rücken, was den Vorteil hatte, dass von zwei Straßen aus an- und ausgeliefert werden konnte. Der erste bebilderte Katalog wurde gedruckt und an alle Fahrradhändler verschickt, wodurch die Marke Gold-Rad weithin bekannt wurde.

Kriegszeit 1914 - 1918

Der Erste Weltkrieg brach aus und durch die Einberufung eines Großteils der Mitarbeiter zum Kriegsdienst wurde das Unternehmen stark in Mitleidenschaft gezogen. Die Umsätze sanken rapide ab. So paradox es klingt, aber die Umsatzsituation besserte sich bereits 1915 wieder, als die ersten Kriegseinwirkungen spürbar wurden, merklich. Benzin und Petroleum wurden rationiert und die Landbevölkerung, die zu dieser Zeit ausschließlich Petroleum zur Beleuchtung verwendete, musste sich auf Karbidlampen umstellen. So wurden Lampen und Karbid ins Lieferprogramm aufgenommen, Artikel, die zu einem großen Umsatzfaktor wurden. Ähnlich verhielt es sich mit Taschenlampen und Batterien, die in großem Stil verkauft werden konnten und zum Verkaufsschlager avancierten.

Inflation

Nach dem Krieg folgte die Inflation und die Buchhaltung rechnete in Millionen, Milliarden und Billionen. Es war eine Zeit, in der viele Leute ihr gesamtes Vermögen verloren, da das Geld von einem Tag zum anderen wertloser wurde. Umrechnungskurse wurden jeden Morgen in den Medien bekannt gegeben, und die zwei Söhne Albert und Carl Goldberg fuhren täglich mit Bargeld im Rucksack zu den Lieferanten, um dort bis vier Uhr nachmittags das Geld eingezahlt und den Tageswert noch gutgeschrieben zu bekommen. Albert fuhr jeden Tag nach Bergerhof zur Firma Bismarck, von wo aus wöchentlich mehrere LKW mit Fahrradrahmen nach Köln geliefert wurden. 1923 kam die Rentenmark und 1925 die Goldmark. 1925 wurden in Gießen und Dortmund Filialen gegründet. Dazu kamen Auslieferungslager in Düsseldorf, Aachen, Siegen, Saarbrücken und Mannheim.

30-er Jahre und Zweiter Weltkrieg: Erst Olympisches Gold, dann ausgebombt

Moderne Fabrikation

1930 wurde in Köln-Ehrenfeld auf dem Grundstück Lichtstraße 24 in bereits bestehenden und neu hinzugefügten Hallen eine moderne Fahrradfabrikation nebst angeschlossener Großmontage errichtet. Dieser Fertigungsbetrieb konnte ab 1931 seine Produktion aufnehmen, und von hier aus wurden im Laufe der Zeit unzählige Räder ins In- und nahe Ausland geliefert.

Wirtschaftskrise

1930 - 1932 war die Zeit der großen Arbeitslosigkeit in Deutschland. Es wurden Zahlen von bis zu 7 Millionen Arbeitslosen genannt. Man hätte annehmen sollen, dass dieser Umstand nachteilig für das Unternehmen B. Goldberg gewesen wäre. Dem war aber nicht so, ganz im Gegenteil: Die Arbeitslosen schafften sich Fahrräder an, um damit auf der Suche nach Arbeit über Land zu fahren. Das bedeutete eine ungeahnte Nachfrage nach Fahrrädern, die auf Teilzahlungsbasis gekauft wurden. Vornehmlich die Händlerkunden im Ruhrgebiet waren aber nicht mehr kapitalkräftig genug, um Geschäfte dieser

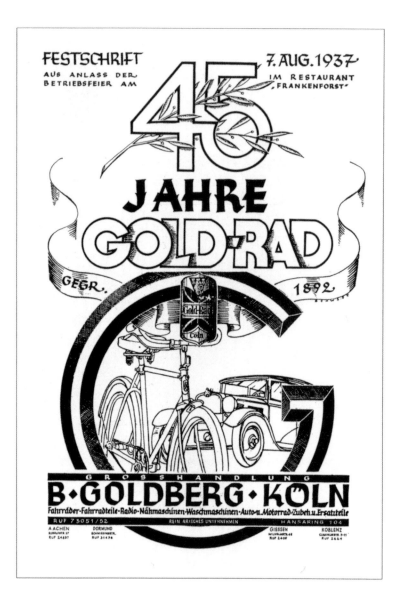

Art selbst zu finanzieren. Und so richtete die Firma B. Goldberg in den betroffenen Händlergeschäften eigene Büros ein und verkaufte die Fahrräder auf Abzahlungsbasis unmittelbar an die Endkunden. Die Händler erhielten von der Vertragssumme einen Anteil von 20 %, in der Regel war das die Baranzahlung, die bei Vertragsabschluss geleistet werden musste. Was niemand für realistisch gehalten hatte, trat trotzdem ein: Bis auf wenige Ausnahmen, in denen die vereinbarten Raten nicht gezahlt wurden, herrschte bei den Betroffenen, trotz der eher dürftigen Arbeitslosenunterstützung, eine bemerkenswerte gute Zahlungsmoral.

Übernahme von Konkurrenten

In anderen Teilen des Landes war die wirtschaftliche Situation noch schlechter als im Ruhrgebiet. Große Firmen, wie die Eisenwerke Gaggenau, bei denen die Fahrradmarken Badenia und Panzer hergestellt wurden, die ebenfalls im Lieferprogramm der Firma B. Goldberg enthalten waren, mussten aufgeben. Um die bekannten und gut eingeführten Marken nicht dem Untergang preiszugeben, kauften die Goldbergs die gesamten Lagerbestände in Gaggenau auf, einschließlich der beiden geschützten Marken.

Auch die Dixi-Werke in Eisenach stellten die Herstellung von Fahrrädern ein, weil diese nicht mehr in das Produktionsprogramm passten. Die Lagerbestände aus Eisenach wurden aufgekauft, doch an die Marke Dixi war leider nicht heranzukommen, da das Werk an BMW überging, die später ein Automobil mit diesem Namen herausbringen sollten.

Olympiasieger 1936

Schon damals konnte kein renommiertes Unternehmen der Zweiradbranche auf publikumswirksame Reklameauftritte verzichten. So reifte auch im Hause Goldberg der Entschluss heran, dass man mit einem eigenen „Rennstall" bei allen nationalen Rennen vertreten sein müsste, um den Bekanntheitsgrad der Marke Gold-Rad weiter zu festigen und auszuweiten.

Ein Team tüchtiger Berufsrennfahrer in den traditionellen Hausfarben blau und gelb wurde unter Vertrag genommen und war auf Gold-Rad bei allen namhaften Rennen dabei, begleitet vom sogenannten „Glaswagen", einem LKW mit verglastem Aufbau, in dem Rennmaschinen, Sporträder und attraktives Zubehör ausgestellt waren. Auf der Strecke wurden eifrig Handzettel aus diesem Fahrzeug geworfen, was damals noch gestattet war.

1936 war Olympiajahr in Deutschland und dem Hause Goldberg gelang ein großartiger, ja sensationeller sportlicher Erfolg bei den olympischen Spielen in Berlin. Der Kölner Toni Merkens gewann auf einem eigens für ihn konzipierten und gebauten Gold-Rad die Goldmedaille und wurde Fliegerweltmeister. Das war ein klarer Qualitätsbeweis für das Produkt und ein Werbeerfolg, wie er besser nicht hätte sein können.

Die Zeit im Dritten Reich

Der politische Hintergrund verfinsterte sich, als 1933 die Nationalsozialisten an die Macht kamen. Aufgrund des jüdisch klingenden Namens hatten die Goldbergs kurzfristig Schwierigkeiten mit den Ideologen des Dritten Reiches und deren Handlangern. Der Nachweis jedoch, dass die Goldbergs getaufte Christen waren, ließ sich an Hand der noch vorhanden und bis in das Jahr 1640 zurückreichenden Kirchenregister lückenlos erbringen. Auch dass sie aus der Goldberger Mühle stammten, die sich noch heute in Mettmann bei Düsseldorf befindet, konnte auf Grund alter Dokumente recherchiert und zweifelsfrei nachgewiesen werden.

Motorisierungswelle

Die Arbeitslosigkeit ging allmählich zurück und der Lebensstandard der Deutschen besserte sich nach und nach wieder. Der nachträglich an das Fahrrad anbaubare Hilfsmotor, der seine Kraft mittels einer Reibrolle auf das Vorder- oder Hinterrad übertrug, fand mit steigendem Einkommen regen Absatz. Die Firma Fichtel & Sachs brachte einen Einbau-Hilfsmotor mit Kettenantrieb und schaltbarem Getriebe auf den Markt, der in besonders stabile Rahmen eingebaut wurde. Die Besonderheit dieser Fahrzeuge bestand darin, dass sie nicht mit starren Fußrasten, sondern mit Pedalen ausgestattet waren, die bei Versagen des Motors eine Fortbewegung durch Treten ermöglichte. Die Firma Goldberg baute auch diese Fahrzeuge und hatte großen Erfolg damit.

Mit Einsetzen der Motorisierungswelle wurde eine Spezialabteilung im Unternehmen ins Leben gerufen, die sich ausschließlich mit Auto- und Motorradteilen

Glaswagen

befasste. Ein bebilderter Katalog wurde erstellt und verschickt, der schnell neue Kundschaft für das Unternehmen werben und gewinnen konnte.

Kriegszeit

In den Folgejahren orderte die Wehrmacht, der Zeit entsprechend, große Mengen Fahrräder, Auto- bzw. Motorradersatzteile, sowie technische Artikel aller Art. Dann kam das Jahr 1939. Es kamen Großaufträge für Radfahrkompanien, einschließlich der Ausstattung von Depots mit Ersatzteilen. Große Bestellungen kamen auch für Automobil- und Motorradersatzteile und insbesondere Werkzeuge, die an viele Stellen zu liefern waren. Für die Firma B. Goldberg bedeutete ihr Status als Zulieferer bzw. Ausrüster der Wehrmacht nicht nur Aufträge, sondern er verhinderte auch die Einberufung der Söhne.

Bombenangriffe

Die Bombenangriffe auf die Stadt Köln wurden zunehmend intensiver und in der Nacht des 29. Juni 1943 kam das bittere Ende: Alle, aber auch wirklich alle Gebäude der Firma Goldberg, einschließlich der Privatwohnungen der Inhaber, sanken im Bombenhagel in Schutt und Asche. Man stand vor dem Nichts und für den Fortgang der Dinge war jetzt alleine Improvisation angesagt. Die kümmerlichen Reste an Material und Einrichtungen, die noch aus den Trümmern zu bergen waren, wurden in einem Reitstall gesammelt. Ein „Büro" konnte notdürftig in der Lichtstraße 24 in Ehrenfeld errichtet werden.

Gold-Rad in der Nachkriegszeit: Eine Kölner Institution

Am 13. April 1945 wurde der Ort Schildgen von den Amerikanern überrollt und befreit. Bei erster Gelegenheit nahm Albert Goldberg, der Sohn hatte die Geschicke des verstorbenen Vaters übernommen, Verhandlungen mit den Militärs auf, mit dem Ziel das Unternehmen wieder nach Köln verlegen zu können. Die Verhandlungen verliefen positiv, nicht zuletzt im Hinblick auf die notwendige Versorgung der Bevölkerung mit Fahrrädern und Fahrradteilen.

Nach einigen Monaten wurde aber auch der Reitstall ein Opfer der Bomben und so entschloss man sich, alles noch Verfüg- und Verwertbare aus Köln, wo die Situation zu unsicher geworden war, auszusiedeln. Man verfrachtete alles mit einem LKW, der auf Holzgas umgestellt worden war, nach und nach in den Tanzsaal des Örtchens Schildgen bei Bergisch Gladbach.

Am 10. August 1944 starb der Firmengründer Benjamin Goldberg, sicherlich einer der großen Pioniere des Zweirades in Deutschland, plötzlich und unerwartet an Herzversagen.

Im August 1945 war es dann so weit, und die Firma durfte nach Köln zurückkehren. Mit Hilfe der Stadtverwaltung konnten in dem zwar beschädigten, aber durchaus herrichtbaren Fabrikgebäude der „Rheinwolle" in Köln-Riehl zwei Etagen mit je 1.000 m² angemietet und auf eigene Kosten verglast und wieder brauchbar gemacht werden. Die Goldbergs waren die ersten am Markt, die wieder einen geordneten Großhandels- und Fabrikationsbetrieb anlaufen lassen konnten.

Der Neubeginn erwies sich als sehr erfolgreich, und der Wunsch, so bald wie möglich zum alten Firmensitz in die Stadt zurückzukehren war groß. So wurden in einem ersten Bauabschnitt Keller, Erdgeschosse und Teile des 1. Obergeschosses wieder aufgebaut, um die Verwaltung und die Teileträger sowie den Verkauf aufzunehmen.

Die Fabrikation wurde derweil innerhalb von Riehl auf ein anderes Areal von ca. 10.000 m² verlegt, wo 1949 eine moderne Fahrradfabrikation mit Lager und Büros errichtet werden konnte. Ab 1950 lief die Produktion von Kinderfahrzeugen und Fahrrädern an. Hier erblickten auch ausgefallene Fahrradmodelle, wie Saalsporträder oder ein Rad mit Doppelschleifenrahmen und besonders guten Federungseigenschaften, das Licht der Welt.

Motorräder

Ebenfalls ab 1950 wurden nun auch Motorfahrräder und Motorräder mit 98 ccm Sachs- bzw. 125 ccm Jlo-Motoren angeboten. Damit war Gold-Rad einer von jenen Konfektionärsherstellern, die es gerade zu Beginn der 50-er Jahre in großer Anzahl gab und das Bedürfnis von Mobilität befriedigten. Es folgte später auch die Herstellung von Mopeds und Mofas mit Fichtel & Sachs- bzw. Jlo-Motoren.

Das Goldberg-Unternehmen überstand auch Zeiten, in denen viele größere Unternehmen in engster Nachbarschaft (Tornax, Hoffmann) untergegangen sind. Dies gelang Dank innovativer Ideen und durch das rasche Erkennen von Marktsituationen. Produkte wie das Klapprad „Piccolo" in den 60-er Jahren trafen den Nerv der Zeit, die später einsetzende „Trimm-Dich-Welle" bescherte dem Unternehmen ein außerordentlich gutes Geschäft mit Heimsportgeräten, wie Rudergeräten, Heimtrainern, Boxbällen und vielen anderen Multifunktionsgeräten, die das Programm umfasste. Bis in die 90-er Jahre überzeugte das Familienunternehmen immer wieder mit neuen Ideen am Markt und war das letzte Kölner Unternehmen, das aus der Anfangszeit überlebt und ein großes Stück Zweiradgeschichte geschrieben hat. Im Februar 1998 schlossen sich aber auch hier die Fabriktore für immer.

Gold-Rad Mofa

Gold-Rad Moped

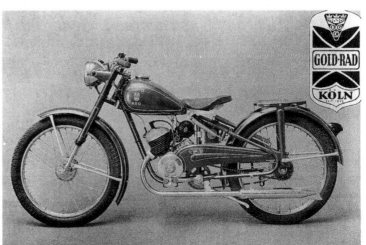
Gold-Rad Motorrad

Apex, Brandt, Colonia...: Kleines ABC der Manufakturen und Zulieferer

Kölner Firmen und Marken

Zeitweise gab es mehr als 100 Motorradfirmen im Rheinland, allein in Köln existierten mehr als 20. Viele waren nur kleine Handwerksbetriebe, die in Einzelanfertigung Motorräder „nach Maß" oder in Kleinserie herstellten. Von vielen dieser kleinen Hersteller entstand auch nie ein Verkaufsprospekt, manchmal weist nur eine kleine Zeile in einer vergilbten alten Zeitung auf innovative Firmen hin, die heute alle vergessen sind. Nicht nur wegen der großen Firmen, sondern vielleicht gerade durch die Innovationen der vielen kleinen, unbekannten Hersteller, Erfinder und Tüftler ist Köln untrennbar mit der Geschichte der Motorisierung und des Motorradbaues verbunden.

Viele Motorradfirmen waren nur Konfektionäre, welche Motor, Getriebe, Rahmen, Kraftstofftank und Räder von anderen Herstellern bezogen. Es gab aber auch hervorragende Handwerker, Techniker sowie Wagemutige, die einzelne Komponenten mit viel Geschick und Ideenreichtum für ihre eigene Produktion herstellten.

Einer der ältesten Hersteller war die Motorfahrradfabrik Friedrich Brandt in Cöln-Deutz mit der Marke „Bergfex", deren Vertrieb sich in Berlin befand. Als Motorrad der Zukunft, weil „stabil-einfach-elegant" wurde es dem interessierten Käufer in Anzeigen offeriert, weiter hieß es in einem Prospekt: *„Durch den verstellbaren Rahmen, den äußerst niedrigen und langgestreckten Bau der Maschine ist das Anfahren auf steilen Wegen, sofern solche überhaupt noch fahrbar sind, ermöglicht ohne das mühsame Nebenherlaufen oder das krafterschöpfende Pedalmittreten..."*

Von der Internationalen Automobil-Ausstellung in Berlin vom 1. bis 12. November 1905 berichtet der Ingenieur Th. Lehmbeck-Friedenau von einem „weit über die Grenzen der Motorradfahrerschaft" hinaus Aufsehen erregenden Ereignis: *„Selbst S.M. der Kaiser blieb zirka 1/4 Stunde am Stande des genial konstruierten Rades, welches außerdem durch äußerst schickes Aussehen besticht und nach jeder Richtung hin konstruktiv richtig gebaut ist."*

Die Colonia Fahrrad- und Maschinengesellschaft in Köln, Perlengraben 80-84 baute Motorräder von 1913 bis 1924. Vor

Wronker und Esch auf Apex, 1926

dem Weltkrieg hatte man drei Typen in solider Bauart im Verkaufsprogramm. In der Nachkriegszeit beschränkte man sich bis Produktionsende auf den Bau von Leichtmotorrädern mit 150 ccm Hubraum.

Den Abschluss der Kölner Motorradgeschichte in den 20-er Jahren bildet die Firma Apex G.m.b.H. im Deichmannhaus (1923 - 1927). Dieser kleine Motorradhersteller baute ausgezeichnete Fahrwerke und setzte vorwiegend die sehr teuren englischen Motoren der Firma Blackburn ein. Neben einer leichten 250/350 ccm Sportmaschine war eine schwere 550 ccm Tourenmaschine im Verkaufsprogramm, beide mit dem damals üblichen Dreiganggetriebe. Der Düsseldorfer Rennfahrer Schlick, die beiden Kölner Etzbach und Wronker siegten auf Apex bei vielen Bahn- und Straßenrennen.

In der Regel kauften Produzenten wie diese in den ersten Jahrzehnten der Motorisierung Teile und Komponenten bei regionalen Spezialisten, da es überregionale Zulieferer kaum gab. Als Spezialist für „Zündmaschinen für alle Arten von Explosions-Motoren, Zündkerzen und Zündspulen" oder Dekompressionsventile empfahl sich die Kölner Elektrotechnische Fabrik von Zivil-Ing. Alwin Lüderitz, Köln, Dasselstr. 41.

Der neue Ideal-Auspufftopf war beim Alleinhersteller J. F. Dollheiser, Köln, Paterstr. 32 zu erhalten, dessen Vorzüge waren, „schalldämpfend, temperaturregelnd und leistungserhöhend"!

Überhaupt hatte Köln zu dieser damaligen Zeit eine reichhaltige Anzahl von Zubehörlieferanten. Die Motorrad-Felgen und Schutzbleche mit dem Markenzeichen Colonia offerierte die Metall-Zieherei A.G. Köln-Ehrenfeld. Scandinavia, Halo Kupplungsbeläge sowie Mintex-Bremsbeläge verkaufte die Scandinavia Riemengesellschaft im Hochhaus am Hansaring.

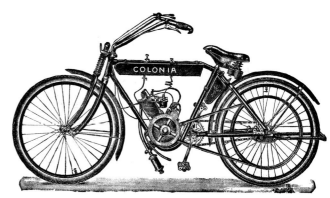

Wronker auf Apex

AWD:
Eine Köln-Düsseldorfer Kooperation

Diese und andere Zulieferer vertrieben ihre Produkte selbstverständlich auch an Firmen außerhalb der Domstadt. Einer ihrer treuen Abnehmer war zum Beispiel die AWD Motorradfabrik in Breitscheid.

Thomas v.d. Bey, ein Enkel des Firmengründers August Wurring, wohnt heute neben der ehemaligen AWD Motorradfabrik seines Großvaters. In jahrelanger, internationaler Suche hat er die Modellpalette seines Großvaters komplettiert und stellt die Fahrzeuge in den originalen Werksmauern aus. Die AWD-Fabrik ist ein authentisches Zeitzeugnis des Pionierzeitalters der Motorradfabriken. Neben den Motorrädern und Rennmaschinen stehen auch noch sämtliche Fertigungsmaschinen in den Werkshallen, jederzeit könnte die Produktion also wieder aufgenommen werden. Thomas v. d. Bey kennt die engen Geschäftsbeziehungen seines Großvaters zu Kölner Zweiradunternehmen bis ins Detail:

„Als mein Großvater August Wurring nach dem Ersten Weltkrieg in Breitscheid, einer kleinen bäuerlichen Ansiedlung zwischen Rhein und Ruhr, anfing, seine AWD-Motorräder zu bauen, kam er nicht umhin, seinen Materialbedarf im 60 Kilometer entfernten Köln zu decken, da dort alle namhaften Vertreter für Motorradzubehör ansässig waren.

Angefangen bei den Köln-Lindenthaler Metallwerken, dem Hersteller der bekannten „Tiger-Federgabel", zu deren Chef Conrad Brüsselbach mein Opa über Jahrzehnte hinweg ein freundschaftliches Verhältnis

Adolf Esch und August Wurring beim Eröffnungsrennen des Nürburgrings, 1927

OHV Sport AWD, 1926

pflegte, über die Firma Martin Heck, den Hersteller des D.F.B.-Motors, der in der firmeneigenen Werbung „der flinke Bergsteiger", im Kundenkreis aber - „der faule Bummel" hieß, bis hin zu den Gebrüdern Esybowe, die mit ihrer Firma Deco-Dektereff & Co. auf dem Hohenzollernring 55 Generalvertreter für die englischen Blackburn-, Bradshaw- und Jap-Motoren sowie Burman-Getriebe waren.

Bei der Firma Hoock & Co im Gereonshaus bezog Wurring die englischen Villiers-Motoren und den „Hoockol"-Rennbetriebsstoff, der aus einem braven Tourenmotorrad einen wild gewordenen Handfeger machte. Die Firma Spillner baute nicht nur sanitäre Einrichtungen für Großimmobilien, sondern auch Öl- und Benzintanks für Motorräder.

Ein weiterer wichtiger Anlaufpunkt war die Firma „Kolben"-Krämer, spezialisiert auf alles, was sich „Motor" schimpfte und nannte. Adolf Esch auf der Venloer Strasse war nicht nur Lieferant der englischen Burmann-Getriebe, sondern auch Rennfahr-Kollege meines Großvaters. Bei den ersten

Rennen am Nürburgring nächtigten sie des öfteren in der gleichen Scheune in Adenau. Ein Hotelzimmer konnten sich die Privatfahrer in den 20-er Jahren nicht leisten. Überhaupt gehörten in den 20-er Jahren die Rennfahrer aus dem Kölner Raum zu den besten in Deutschland. Mancher gewann ein Rennen und der andere wurde letzter. Trotzdem waren sie eine große Familie. Mein Opa war einer von ihnen."

AWD mit Villiers Motor

Kölner Rennstrecken und Rennveranstaltungen

Kölner Rennstrecken und Rennveranstaltungen

Parallel zur Zweiradindustrie entwickelte sich der Zweiradsport. Er avancierte schnell zum Zuschauermagneten und war vom Ende des 19. Jahrhunderts bis zum ersten Weltkrieg mit Sicherheit der populärste Publikumssport. Um den zahlenden Zuschauern gute Rennen präsentieren zu können, brauchte man natürlich geeignete Sportarenen und Rennstrecken. So entstanden auch in der Zweirad-Metropole Köln ab 1889 im Laufe mehrerer Jahrzehnte verschiedene Rennbahnen und Rennstrecken, sowohl für den Fahrrad- als auch für den Motorradsport. Hinzu kamen Straßenrennen, die ihren Ausgangs- und Endpunkt in Köln hatten (und zum Teil noch haben). Außerdem war die Domstadt regelmäßig Gastgeber von großen, mehrtägigen Etappenrennen. So war Köln allein 19 Mal, und damit mit Abstand häufiger als jede andere deutsche Stadt, Start- bzw. Zielort einer Etappe der Deutschlandrundfahrt. Mehrfach war die Stadt auch Gastgeber für hochrangige internationale Wettkämpfe. Europa- und Weltmeisterschaften wurden hier ausgerichtet, 1965 startete die Tour de France in Köln, und 2002 machte der Tross des Giro d´Italia hier Station.

Die Riehler Rennbahn

Kölner Rennstrecken und Veranstaltungen

Der „1. Bicycle Club Cöln" wurde 1880 auf Initiative des Reifenherstellers „Gummiwerke Clouth" in Nippes gegründet. Dieser erste Kölner Radsportverein baute 1889 eine 400 Meter lange Radrennbahn an der Riehler Straße. Diese Bahn taucht in Berichten unter verschiedenen Bezeichnungen auf. Manchmal hieß sie Riehler Rennbahn, manchmal Riehler Sportplatz oder Riehler Zementbahn, und auch die Bezeichnung Sportplatz Köln wurde verwendet. Bereits 1892 war die Bahn Schauplatz der Deutschen Radsport-Meisterschaften, und die Kölner konnten mit Jean Schaaf erstmals einen Fahrer aus ihrer Stadt ganz oben auf dem Siegertreppchen sehen und feiern. 1895 fanden auf der Riehler Bahn die Weltmeisterschaften für Profis und Amateure statt. Aus diesem Anlass wurde die Bahn mit einer festen Fahrbahndecke versehen und wurde so erst zur Riehler „Zementbahn". Am 6. September 1908 wurden in Riehl die Meisterschaften von Europa über 100 km ausgetragen. Mit am Start war unter anderem der spätere Kölner Steher-Weltmeister Peter Günther.

Willi Arend, Weltmeister 1897

Auf Grund ihrer baulichen Substanz war die Riehler Zementbahn auch für die sogenannten „Steher-Rennen" geeignet. Anfangs spendeten 4-er oder gar 5-er Tandems Windschatten und „zogen" die Rennfahrer so auf erstaunliche Geschwindigkeiten. Die Erfindung des Motors aber sorgte für ein Spektakel, das bis heute nichts an Faszination eingebüßt hat. Im Windschatten des Schrittmacher-Motorrades erreichten Asse wie die Kölner Willi Schmitter oder Peter Günther über hundert Stundenkilometer! Das donnernde Fauchen der flammenzüngelnden Spezialmaschinen mit ihren riesigen Ein- oder Zweizylinder-Motoren durchschnitt mit jeder Runde den Jubel der Massen. Der Fahrer des Motorrades stand förmlich in seiner Maschine, den Lederhelm nach hinten mit Hörmuscheln versehen, um die Kommandos des Radfahrers zu verstehen, der mit seinem Vorderrad an der hinter der Maschine angebrachten Rolle „klebte".

Unfälle mit schweren Verletzungen waren bei diesen Rennen an der Tagesordnung. Auch Todesfälle waren immer wieder zu beklagen. So verlor Willi Schmitter 1905 bei einem Rennen in Leipzig sein Leben. Peter Günther, Steher-Weltmeister von 1911, starb am 7. Oktober 1918 an den Folgen eines Rennunfalls. Seine eindrucksvolle Grabstätte befindet sich noch heute auf dem Kölner Südfriedhof.

Peter Günther, Köln

Das Ehrengrab der Stadt Köln für Peter Günther, Weltmeister von 1911, findet sich noch heute auf dem Südfriedhof. Ihm zu Ehren trägt der 1921 gegründete RRC Günther noch immer seinen Namen.

Willy Mauss geführt von Willy Hartwig

Vorbereitung zum Rennen

Wartung der Steher-Maschine

Zementbahnrennen in den 20-er Jahren

In den 20-er Jahren war die Riehler Bahn oft Austragungsort der damals sehr populären Zementbahnrennen. Mit speziellen Bahnrennmotorrädern wurden z.B. die Kämpfe um die deutschen Bahnmeisterschaften in verschiedenen Klassen gefahren. Einige schnelle Kölner gehörten zu Deutschlands Besten und errangen sogar den Meistertitel. Herzogenrath, Pätzold oder Soenius - um nur einige zu nennen. Oft gingen Kölner Fahrer, wie z. B. Wilhelm Etzbach, auf Kölner Fabrikaten (Apex, Allright, Esch Rekord oder Imperia) an den Start. Sie kämpften u.a. gegen den berühmten Holländer Herkuleyns, der mit seinen schnellen Indian-Motorrädern viele Rekorde brach, oder auch gegen den italienischen Meister Jean Borgotti auf Motosacoche. Adolf Esch ging, bevor er eigene erfolgreiche Maschinen baute, 1925 auf einer 350-er Chater Lea, einem englischen Fabrikat, in die Bahn.

Deutsche Steher Meisterschaften Riehl, 1921

Das Kölner Steher-Ass Jean Schorn beim Einsatz

Zwei Kölner Rennfahrer auf Kölner Motorrädern
Etzbach und Esch, 1924, Köln-Riehl

Roggenbuck fährt Meisterschaft auf Allright, 1923

Roggenbuck auf Allright

Startvorbereitung zur Meisterschaft, 1924 Köln-Riehl

Wilhelm Etzbach

Dirt-Track-Rennen

1925 berichtete die Zeitung „Motorrad und Sport" in ihrer November-Ausgabe von einer zweiten Rennstrecke in Köln-Riehl. Es handelte sich um eine Speedway-Sandbahn, die vermutlich parallel zum inneren Rand der Zement-Radrennbahn angelegt und deshalb auch etwas kürzer war. Diese Bahn war 350 m lang, ein Rennen ging über vier Runden, also 1.400 m. In den Kurven war die Strecke 14 m breit, auf der Geraden 9 m.

Das damals sogenannte „Dirt-Track" schwappte aus Australien und den USA nach Europa über und zog Fahrer und Zuschauer in ihren Bann. Die Fahrer wurden bei „stehenden Starts" auf der Maschine sitzend abgeschoben. Deswegen sieht man auf vielen Startphotos auch immer Helfer neben den Fahrern. Etwas anderes waren die „fliegenden Starts", bei welchen die Fahrer zunächst eine nicht gewertete Einführungsrunde in mäßigem Tempo fuhren. Das Überschreiten der Startlinie war gleichzeitig der Beginn des Rennens. Die Position auf der Innenbahn wurde immer ausgelost.

Stürze gehörten zur Normalität dieser Rennen. Deswegen gab es auch die Regel der Neustarts, falls einer der Fahrer in den ersten beiden Runden stürzte. Übrigens hatten die Farben der Rennflaggen bei den Rennen in Köln eine andere Bedeutung als heute: Die Grüne Flagge, die heute das Ende einer Gefahr anzeigt, symbolisierte damals das Gegenteil: „Vorsicht-Fahrer gestürzt!"

Berühmte Kölner Speedway-Fahrer jener Zeit waren Harry Herzogenrath oder Erich Pätzold, die auch auf Straßenkursen erfolgreich waren und es da zu deutschen Meister-Ehren brachten. In Riehl fuhren aber auch international berühmte Asse, wie Tom Middelhurst oder Skid Plevin aus England. Sogar Rennfahrer aus Australien, wie der australische Meister Stratton, pilgerten für die Dirt-Track Bahn in die Domstadt. Begehrte Speedway-Preise waren damals das „Blaue Band vom Rhein", der „Goldene Helm" oder der „Goldene Handschuh", Wanderpreis der Kölner Bahn. Daneben machten diverse „Records" Schlagzeilen, die bei den Starts angesagt wurden. Rekordversuche wurden meist mit den bereits erwähnten „fliegenden Starts" gefahren. Der Kölner Harry Herzogenrath benötigte beispielsweise für die 1400 m am 29. Mai 1930 die Gesamtzeit von 1:24 Minuten.

24 Stunden Motorradrennen auf der Riehler Bahn

Die Ergebnisse:

Eröffnungsrennen (bis 175 Kubikzentimeter), 20 Kilometer: 1. Thevis-hoff, 13:41,6 Min.; 2. Beders-2, 900 Meter zurück; 3. Halm-Köln, Meter zurück.

Ullein-Erinnerungsr Kubikzentimeter), 15 Kilometer: 1. Soenius-Spezial, 9:24,6 Min.; Aachen auf Imperia, 500 Meter Köln auf Esch-Rekord, 1600 Met

Oster-Rennen (bis 350 3 Läufe zu je 6 Kilometer: 1. Aachen auf Imperia, 3:42 Min. auf Imperia, 3. Freyberg-Köln 2. Lauf: 1. Pütz, 3:37 Min.; 2. ker-Köln auf Apex. 3. Lauf: 1. Wronker, 3:40 Min.; 2. Krämer; 3. Pütz.

Standartfahrer, Alfred von Alm

Gesamtwertung: 1. Pütz 5 Punkte, 2. Krämer 6 Punkte, 3. Wronker 9 Punkte.

Preis von Köln (bis 500 Kubikzentimeter), 12 Kilometer: 1. Soenius auf Soenius-Spezial, 7:05 Min.; 2. Wronker auf Apex, 50 Meter zur.; 3. Pütz auf Imperia, 800 Meter zur.

Hauptfahren (über 500 Kubikzentimeter), 16 Kilometer: 1. Soenius auf Indian, 9:06,6 Min.; 2. Frenzen-Köln auf Harley-Davidson, 350 Meter zurück; 3. Esch-Köln auf Esch-Rekord, 950 Meter zurück.

—u—

*

24-Stunden-Motorradrennen auf der Riehler Bahn!?

Eine ganz sensationelle Sache kündete Herr Jockel beim gestrigen Motorradrennen den staunenden Vertretern der Presse, die von amerikanischem Unternehmungsgeist noch keinen Hauch verspürt haben, an: ein 24-Stunden-Mannschaftsrennen für Motorräder auf der Riehler Bahn! Start am 5. Juni, 8 Uhr abends, Ende am Sonntag, den 6. Juni, 8 Uhr abends. Jede Mannschaft besteht aus 3 Fahrern, die je eine 175-, 250- und 350-Kubikzentimeter-Maschine zu steuern haben. Die Ablösung soll nach Belieben erfolgen, doch hat jeder Fahrer nach höchstens 40 Kilometer eine Zwangspause von 3 Minuten zum Zweck der Reifenkontrolle zu machen. Sonderwertungen für die Mannschaftsvertreter der einzelnen Motorstärken sollen die Kämpfe beleben. Wenn das kein Geschäft gibt! Auch die Reifenfabrikanten werden sich auf solche Veranstaltungen sehr freuen. Bleibt nur abzuwarten, was die DMS. dazu sagen wird.

—u.—

Hermann Reh beschrieb in seinem 1942 erschienen Buch „Auf rasenden Achsen" die Stimmung vor dem Start:

„....Walfried Winkler, immer und überall dabei, schiebt seine rote 250-er DKW auf die Bahn und zeigt den zahlreichen Lokalmatadoren, was man mit dieser Maschine hier machen kann. Weidemann in rotem Lederanzug bastelt noch an seiner schnellen Avis Celer, die prompt als französisches Fabrikat angesprochen und deren Name mit den abenteuerlichsten Akzenten versehen wird... Da brüllt ein ganz dicker Brocken auf, der 1000-er Jap in Kürtens Tornax Gespann... Oha, da klingen melodiöse ursächsische Laute an unser Ohr, ein schneller Sachse, Müller auf seiner 350-er Schüttoff tritt in Erscheinung... Und hier klingt es Kölsch, der unverwüstliche Pätzold, der diesmal seine Sunbeam mit seiner Sarolea vertauscht hat, gibt seinem Helfer noch Anweisungen. Wir gehen zwischen den Gruppen umher, es ist wie vor einem Symphonie Konzert. Alles stimmt die Instrumente, die flimmernde Atmosphäre ist mit Spannung geladen, und über allem liegt der maßlos erregende Duft von Rizinus, Benzin und Leder..."

Heute ist Speedway in Deutschland, im Gegensatz zu Schweden, England und den osteuropäischen Ländern, eine Randerscheinung. Damals waren die Rennen und auch die schweren Stürze Stadtgespräch. Jedes Kind hatte „seinen" Lieblingsfahrer. Heute sind diese Helden fast alle vergessen, genauso wie die „Kölner Erdbahn" Riehl, auf der zahlreiche Rennfahrer unter dem donnernden Beifall der Zuschauer ihr Leben für sportlichen Ruhm riskierten.

Sonstige Nutzung

Die Riehler Rennbahn wurde in den vielen Jahrzehnten ihrer Existenz für vielfältige Zwecke genutzt. Im Jahre 1910 zum Beispiel wurde die Bahn auch einmal Schauplatz politischen Geschehens, als sich das Riesenoval nach einem Aufruf der Sozialdemokraten mit protestierenden Arbeitern füllte, die aufgrund ihrer geringen Einkünfte durch das damalige Drei-Klassen-Wahlrecht benachteiligt wurden.

Außerdem diente das Feld in der Mitte des Rennovals auch als Fußballplatz. Der SC Preußen Dellbrück, eine erfolgreiche Kölner Mannschaft in der früheren Oberliga West, die 1957 mit Rapid Köln zum SC Viktoria Köln fusionierte, kickte hier bis 1954. Im Jahre 1956 wurde die Riehler Rennbahn schließlich abgerissen. Heute befindet sich dort ein Teil des Kölner Zoos.

Sie fürchteten weder Staub noch Stürze, Dirt-Track Fahrer in ihren Arenen. Alfred von Alm war einer von Ihnen.

Kölner Rennstrecken
und Veranstaltungen

Die Stadtwaldbahn

Ungefähr um 1900 entstand im Kölner Stadtwald eine weitere Radrennstrecke. Sie führte um eine Tennisplatzanlage und war ursprünglich eine Art Parkweg. Die auf dem 400 m langen Rundkurs regelmäßig ausgetragenen Amateur-Radrennen erfreuten sich bei den Kölnern großer Beliebtheit. Die Veranstaltungen sollen bis zu 20.000 Zuschauer gehabt haben, und es wurde sogar berichtet, dass die Radsportfans schon samstags mit Stühlchen oder Leiter und Picknick Korb in den Stadtwald pilgerten, um sich für die sonntags morgens stattfindenden Rennen einen Platz zu sichern.

Nicht zu verwechseln ist die Stadtwaldbahn, die eine reine Radsportanlage war, mit dem legendären Stadtwaldrennen, das nur motorisiert ausgetragen wurde. Die Stadtwaldbahn verschwand 1929 im Rahmen von Umbauarbeiten. An ihrer Stelle entstand ein Parkplatz.

Köln-Stadtwaldbahn
Montag, den 5. Juni — 400 m Bahnlänge

Die beiden rührigen Bundesvereine, V. C. S. und „Staubwolke", die Gründervereine von „Rund um Köln", veranstalteten heute auf der mitten im dichtesten Grün liegenden Stadtwaldbahn Vereinsrennen, deren Höhepunkt ein Dreistunden-Mannschaftsrennen war. Der Besuch war groß. Das Rennen wurde so schnell gefahren, daß verschiedene beim letzten Rennen aufgestellte Bahnrekords geschlagen wurden. Der Kampf lag zwischen Herm. Fischer-Klein, den Siegern des letzten Vereinskampfes, dem neuen Paar Herzner-Schlinsog und Bätz-J. Faßbender, den langjährigen Partnern, wobei letzteren das Glück hold war. Herzner, der sich als der beste Sprinter im Felde zeigte, stürzte mit Fischer zusammen in der letzten Runde des dritten Wertungskampfes, wodurch beide Mannschaften unplaziert endigten. Bätz-J. Faßbender, denen ein Erfolg zu gönnen ist, siegten mit fünf Minuten Vorsprung vor Fischer-Klein und erhielten damit die Berechtigung, am 18. Juni am Sechs-Stunden-Rennen teilzunehmen. Im Jugendfahren über eine halbe Stunde siegte M. Esser. Das Vorgabefahren gewann Poetes, während das Ausscheidungsfahren Herzner als Sieger sah. — Ergebnisse:

Vorgabefahren. 800 m. 6 Ehrenpreise. Nach drei Vorläufen: 1. Poetes-V. C. S. (50), 1:08; 2. Sünder-V.C.S. (60); 3. Riemann-Staubwolke (30); 4. Friese-Staubwolke (40); 5. Kleinmeyer-Staubwolke (20); 6. Faßbender-V. C. S. (10). Die Malleute schieden in den Vorläufen aus.

Jugendfahren (½ Stunde mit 10 Minuten Wertung). 5 Ehrenpreise. 1. M. Esser (V. C. S.), 16,100 km, 33 P.; 2. M. Ulrich (Staubwolke), 32 P.; 3. Mündlich (Staubwolke), 19 P.; 4. Spohr (V. C. S.), 19 P.; 5. W. Nagel (V. C. S.), 18 P. Von 12 Fahrern beendigten sieben das Rennen.

Ausscheidungsfahren. 2800 m. 1. Karl Herzner (Staubwolke); 2. Herm. Fischer (Staubwolke); 3. Heinr. Fischer (Staubwolke); 4. Jos. Sünder (V. C. S.); 5. Etzbach (V. C. S.).

Drei-Stunden-Mannschaftsfahren mit halbstündiger Wertung. Ehrenpreise im Werte von 1500, 1200, 1000, 900, 800, 700, 500, 400, 300, 200 Mark. 1. Heinr. Bätz-Jean Faßbender (V.C.S.), 108,810 km, 677 P.; 2. Herm. Fischer-Peter Klein (Staubwolke), 672 P.; 3. Herzner-Schlinsog (Staubwolke), 668 P.; 4. Faßbender-Ropertz (Staubwolke), 639 P.; 5. Müller-Wingen (Staubwolke), 622 P.; 6. Heinr. Fischer-Riemann (Staubwolke), 614 P.; 7. Kuhl-Linnartz (V. C. S.), 403 P.; 8. Rymus-Haase (V. C. S.), 400 P., 1 R.; 9. Gebrüder Sünder (V. C. S.)200 P., 2 R.; 10. Spohr-Derix (V. C. S.), 10 R. Aufgegeben: Stövesand-Comann, Poetes-Ambachs, Friese - Mohr, Nagel - Friese. Altmeister Kühbacher entläßt 9,15 Uhr das Feld, das ein scharfes Tempo einschlägt, so daß bald die schwächsten Paare Friese-Mohr und Nagel-Friese überrundet werden, Gebrüder Sünder und Spohr-Derix ereilt bald dasselbe Schicksal. Die erste Prämie von 50 Mark gewinnt Schlinsog. In der halben Stunde werden 20,300 km (bisher 19,490) gefahren, Herzner siegt im Spurt vor Fischer, Bätz, Stövesand und Faßbender. Friese-Mohr und Nagel-Friese geben auf. Prämien von 50, 30, 20 Mark gewinnen Herzner, Fischer, 100, 50 Mark Ambachs und Schlinsog. Nach einstündiger Fahrt sind 37,990 km zurückgelegt (bisher 37,350). Die Wertung gewinnt Schlinsog vor Ropertz, Faßbender, Wingen und Klein. Prämien 100, 70, 50 Mark holen sich Schlinsog, Bätz und Fischer, eine solche von 50, 30, 20 Mark Herzner, Ropertz, Bätz. 55,900 km haben die Fahrer nach 1½ Stunden bewältigt. Bätz siegt vor Poetes, Heinr. Fischer, Stövesand und Kuhl in der Wertung. Die nächsten Prämien 150, 100, 50 Mark erspurten sich Bätz, Klein, Ropertz, während Spohr-Derix nacheinander mehrere Runden verlieren. Poetes-Ambachs und Stövesand Comann geben kurz vor der nächsten Wertung auf. In zwei Stunden werden 74,700 km (bisher 74,300) gefahren. Die Wertung sieht Faßbender vorn vor Klein, Wingen, Ropertz und Schlinsog. Kuhl-Linnartz, die sich tapfer bisher gewehrt haben, verlieren mit Rymus-Haase die erste Runde. In 2½ Stunden wird der bisherige Rekord von 92,570 km auf 92,970 geschraubt. Herzner siegt wieder vor Fischer, Bätz, Ropertz und Heinr. Fischer. Die letzte halbe Stunde wird gebummelt, so daß der von Oszmella-Schorn aufgestellte Rekord bei drei Stunden nicht erreicht wird. In dem letzten Wertungskampf siegt Herm. Fischer knapp vor Herzner, Bätz, Ropertz und Wingen. Nach einer Ehrung der Sieger durch den Bezirksvorsitzenden fuhren diese, lebhaft begrüßt, mit Blumensträußen bewaffnet, die Ehrenrunde.

Rund um Köln

Kölner Rennstrecken und Veranstaltungen

1908 erfolgte das Debüt für das heute traditionsreichste deutsche Radrennen. Die Veranstaltung wurde initiiert von Ferdinand Schneider, der den kühnen „Rund um Köln"-Plan entworfen hatte. Unterstützt wurde er von seinen getreuen Mitarbeitern vom Verein Cölner Straßenfahrer, der Staubwolke, dem Rad- und Touristen-Club Adler und den Ehrenfelder Straßenfahrern.

Am 13. September 1908 gruppierten sich 80 Radsportler am Start an der Neusser Straße, ein für die damaligen Verhältnisse Aufsehen erregendes Starterfeld. Insgesamt galt es 204 Kilometer auf holprigen Straßen und Feldwegen zu bewältigen. Der Kurs führte über Fühlingen - Worringen - Dormagen - Neuss - Jülich - Bergheim - Mödrath - Kerpen - Lechenich - Zülpich - Euskirchen - Rheinbach - Meckenheim - Bonn und Wesseling zum Ziel am Zülpicher Wall.

Premieresieger wurde der Kölner Staubwolke-Fahrer Fritz Tacke mit 32 Minuten Vorsprung vor Mathias Sebastian. Auf den nächsten Plätzen landeten Schulte, Roggenbruck, Berrenburg und Ricken. Der umjubelte Sieger benötigte 8:08 Stunden. Fast 20.000 Zuschauer erlebten das Finale der Veranstaltung, die alle Erwartungen weit übertraf.

Mit den „Rot-Weissen" des Vereins Cölner Straßenfahrer verbanden sich die Idealisten des RC Staubwolke 06 zu einem prächtigen Duett. Für „Rund um Köln" stellten

beide Vereine ihre eigenen Interessen stets zurück, wenn die umfangreichen Vorarbeiten für das Rennen riefen. Schon damals kostete die Festlegung der Rennstrecke viele schlaflose Nächte. Über 100 Gemeinden mussten angeschrieben werden, um die Durchfahrtserlaubnis zu erhalten. Oft genug hagelte es Absagen. Den Mut aber ließen sich die Ausrichter nicht nehmen, wenn auch noch so viele Hindernisse zu überwinden waren. Mit Schmunzeln erzählte Ferdinand Schneider, der „Vater" von „Rund um Köln" später das eine oder andere Anekdötchen aus den Gründerjahren: So waren damals beim Premiererennen nackte Beine für die Pedalritter strengstens verboten. Die Polizei bestand darauf, dass ein Beinkleid zu tragen sei. Die Fahrer hatten bald einen Ausweg gefunden. Mutters beste seidene Strümpfe mussten herhalten.

Von 1915 bis 1919 unterbrachen die Wirren des Krieges das Radrennen. Ein neuer Abschnitt der „Rund um Köln"-Geschichte begann 1919. Im Frühjahr fand sich in der Gaststätte „Zum jungen Raben" am Blaubach wieder eine Handvoll Idealisten zusammen. 15.000 Mark wurden für Preise aufgebracht, nachdem ein „Bunter Abend" in der Bürgergesellschaft die VCS Familien wieder eng zusammengeschlossen hatte. 1920 war alles klar zum Start. Der Schweinfurter Sachs gewann die erste Nachkriegsprüfung. Im folgenden Jahr fanden sich auch die Berufsfahrer wieder ein.

Für eine Sensation sorgten 1923 die Kölner Brüder Fritz und Hermann Fischer. Fritz gewann bei den Profis und Hermann das Rennen der Amateure. Der Kölner Doppelerfolg durch die Staubwolke-Fahrer löste in der Domstadt unbeschreiblichen Jubel aus. Damals endete die fast 300 km lange Jagd auf der Riehler Radrennbahn. Die Veranstalter konnten 1,5 Millionen Mark Überschuss verzeichnen, in der Inflationszeit jedoch nur ein billiges Trinkgeld. Ganze 9,28 Mark betrug der „Reingewinn" im Jahre 1924. Aber trotzdem war der Unternehmungsgeist nicht klein zu kriegen. Heinrich Stevens, der großartige Kölner Radsportorganisator,

„Offizielle" beim Rund um Köln Rennen, 1913

Rund um Köln

verhalf den Verantwortlichen von „Rund um Köln" in den weiteren Jahren zu vortrefflichen Kontakten zu den Kölner Institutionen. So verzeichnete das Rennen 1927 einen Ehrenausschuss, dem der damalige Oberbürgermeister Konrad Adenauer als Vorsitzender angehörte. Polizeipräsident Bauknecht, Bürgermeister Dr. Bilstein, die Generaldirektoren Robert Gerling und Kremer, der österreichische und italienische Generalkonsul, Fritz von Opel und Geheimrat B. Sachs schenkten der klassischen Prüfung ihr nicht zu unterschätzendes Wohlwollen. Der Radsport stand in höchster Blüte und genoss auch in der Gesellschaft hohes Ansehen.

Kölner Fahrer spielten bis 1939 eine bemerkenswerte Rolle. Steingaß, Steinkrüger, Roggenbruck, Fischer, Rösen, Dumm und Schmitz zeichneten sich als Sieger aus. Ganz groß aber trumpfte der Staubwolke-Spross Willi Meurer auf, der dreimal den Sieg für die Domstadt errang. Später glückte noch Reiner Schwarzer und Edi Ziegler diese stolze Erfolgsserie. Für Köln kam dann eine lange Pause. Genau 21 Jahre nach Willi Meurers drittem Sieg 1939 sorgte Mathias Löder 1960 dafür, dass wieder jemand aus der ehemaligen Radsporthochburg am Rhein in die lange Ehrenliste eingetragen wurde.

Im Zweiten Weltkrieg wurde auf verkürzten Strecken und Rundkursen die Tradition des Rennens aufrecht erhalten. Nur 1944 und 1945 war die Austragung unmöglich. Schon 1946 ging es weiter im Programm. Ein Jahr später waren auch die Profis wieder zur Stelle. Reiner Schwarzer fuhr auf dem Hansaring in strömendem Regen den Sieg heraus. Bei den Amateuren errang Schultenjohann den goldenen Lorbeerkranz.

1961 stieg der mitorganisierende Verein „Staubwolke" wegen fehlender Kräfte aus. Damit war der VCS auf sich alleine gestellt, sollte die Veranstaltung nicht untergehen. Von 1964 bis 1968 erhielt das Rennen Profistatus.

1972 übernahm Arthur Tabat das Zepter der Organisation: *„Als ich anfing, war es ein kleines Amateurrennen. Wir durften nicht mal rein nach Köln, mussten das Ziel in den Grüngürtel vor der Stadt legen. Mein Vorgänger wollte irgendwann nicht mehr, so mühsam war das alles. Der BDR hat mehr gegen uns gearbeitet. Wie oft habe ich mir gesagt, jetzt reichts!"*

Statt aufzugeben formte Tabat in Jahrzehnte langer Arbeit das „kleine Amateurrennen" zu dem bedeutenden Event, das es heute ist. Nach fast 30 Jahren Abstinenz kamen ab 1990 auch die Profifahrer wieder in die Domstadt. Doch in den 90-er Jahren musste Tabat auch bittere Enttäuschungen verkraften. 1996 zum Beispiel erhielt nicht Köln, sondern Hamburg die schon sicher geglaubte Zusage als Weltcup Rennen von der Internationalen Fahrradorganisation UCI in Paris. Ausgerechnet zum 90-jährigen Jubiläum 1998 fiel das Rennen sogar aus. Offiziell wurde dies mit einem Mangel an Sponsoren begründet, hinter den Kulissen wurde jedoch von einem Streit mit dem Vermarkter gemunkelt.

Glücklicherweise ist das Kölner Eintagesrennen heute ein wirklicher und auch international bedeutender Klassiker. Und fast wie damals ist die Begeisterung des Kölner Publikums zu spüren, wenn - wie zuletzt - Zehntausende von Zuschauern den Teams und Fahrern zujubeln.

Die Sieger von Rund um Köln

1908	Fritz Tacke
1909	Otto Wincziers
1910	Jean Rosellen und Karl Wittig
1911	Adolf Huschke
1912	J. Steingaß
1913	Ernst Franz
1914	Ernst Franz
1915-1919:	Nicht ausgetragen
1920	Adam Sachs (Amateur)
1921	Adolf Huschke
1922	Paul Koch
1923	a) Fritz Fischer (Profi)
	b) Hermann Fischer (Amateur)
1924	Paul Kohl
1925	Paul Kohl
1926	Heinriich Suter (SUI)
1927	Gaetano Belloni (ITA)
1928	Alfredo Binda (ITA)
1929	a) Franz Schmitz -
	b) W. Frielingsdorf (Amateur)
1930	Otto Kratz
1931	H. Rüdiger
1932	a) J. Kraus (LUX) -
	b) H. Weiß (Amateur)
1933	a) Erich Bautz
	b) J. Neumeyer (Amateur)
1934	Kurt Stöpel
1935	Emil Kijewski
1936	Erich Bautz
1937	Emil Kijewski
1938	Franz Bronold
1939	Willi Meurer
1940	J. Kropp
1941	Hans Preiskeit
1942	H. Schwarzer
1943	Kittsteiner
1944-1945:	Nicht ausgetragen
1946	Nowakowski (Amateur)
1947	Holthöfer (Amateur)
1948	H. Schwarzer (Amateur)
1949	Schultenjohann
1950	a) Holzmann -
	b) Scherpenborg (Amateur)
1951	H. Schwarzer
1952	Popp (Amateur)
1953	Günther Otto
1954	W. Irrgang (Amateur)
1955	Hans Preiskeit
1956	Edi Ziegler
1957	W. Grabo
1958	W.-J. Edler
1959	H. Hofmann

J. Steingaß, 1912

1960	Mathias Löder
1961	Smits (BEL)
1962	S. Koch
1963	Wilfried Bölke
1964	Horst Oldenburg
1965	Horst Oldenburg
1966	Piet Glemser
1967	Noél Foré (BEL)
1968	Burkhard Ebert
1969	Jürgen Tschan
1970	Streckies
1971	R. Gilson (LUX)
1972	Wilfried Trott
1973	H. Jungbluth
1974	Dietrich Thurau
1975	Jan Smyrak
1976	Wilfried Trott
1977	Scheunemann (NED)
1978	Arie Hassink (NED)
1979	Wilfried Trott
1980	Achim Stadler
1981	Michael Mohr
1982	J. Echtermann
1983	Wolf-Dieter Wohlfshohl
1984	Stani Mikolajczuk
1985	Han Vaanhold (NED)
1986	Remig Stumpf
1987	Werner Wüller
1988	Lutz Losch
1989	Domenik Krieger
1990	Noél Segers (BEL)
1991	Jerry Coman (BEL)
1992	Louis De Koning (NED)
1993	Wim Van Eynde (BEL)
1994	Udo Bölts
1995	Erik Dekker (NED)
1996	Erik Zabel
1997	Frank Vandenbroucke (BEL)
1998	Not Held
1999	Jens Heppner
2000	Steffen Wesemann
2001	Gian Matteo Fagnini (ITA)
2002	Peter Wrolich (AUT)

Die Deutschlandfahrer vor dem Start auf dem KLM Werkshof. Mit dabei Neumann Neander (1. Reihe, 2ter von links). Noch ahnen sie nichts von den bevorstehenden Strapazen.

Die erste ADAC-Deutschlandfahrt 1924

Kölner Rennstrecken und Veranstaltungen

Am 17. Februar 1924 fiel in aller Herrgottsfrühe, um 5.00 Uhr morgens, bei winterlichen Temperaturen, am Kölner Rheinufer die Startflagge zur ersten Deutschlandfahrt. 125 gemeldete Teilnehmer, dick verpackt gegen die winterlichen Temperaturen, setzten ihre Maschinen lärmend, knatternd und qualmend in Bewegung. Eine große Herausforderung stand ihnen bevor, eine 17-Tage-Fahrt quer durch das winterliche Deutschland über insgesamt 3.108 Kilometer!

Die Idee zu der Veranstaltung stammte von Paul Jockel aus Hülsen. Unterstützt wurde er von dem „Club für den Motorsport Köln" (CMK) und der 1904 gegründeten „Kölner-Motorfahrer-Vereinigung" (C.M.V.). Tatkräftige finanzielle Hilfe leistete der Kölner Motorradhersteller Allright. Deren Gründer, Georg Sorge, hatte sich aus diesem Anlass noch einmal höchst persönlich in die Aktivitäten des Unternehmens eingeschaltet. Die als „größte sportliche Konkurrenz der Welt" bezeichnete Veranstaltung wurde unter der Regie des ADAC durchgeführt und stützte sich auf dessen landesweites Organisationsnetz.

Diese Deutschlandfahrt war die bis dahin vielleicht größte Herausforderung an Mensch und Maschine in der deutschen Motorsportgeschichte. Die Teilnehmer hatten mit unsagbaren Schwierigkeiten zu kämpfen. Viele Faktoren machten die Deutschlandfahrt zu einer wahren Tortur für die Motorradfahrer: Die erbärmlichen damaligen Straßenverhältnisse mit Schlagloch an Schlagloch, Eis und Schnee in Nord- und Mitteldeutschland, Schneematsch im Rheinland, Dreck und Kot der Zugtiere von Bauern und Fuhrleuten sowie spiegelglattes Kopfsteinpflaster auf den Fernstraßen nahe den Großstädten machten die Fahrt zur höllischen Strapaze.

„Von den 23 gestarteten Konkurrenten in der Klasse bis 150 ccm konnten nur die beiden DKW-Fahrer Seifert und Felsmann, ohne ein anderes Verkehrsmittel zu benutzen, die tiefverschneiten Bergstraßen in den Mittelgebirgen Thüringens und in Sachsen bewältigen", protokollierte der Sonderberichterstatter Siegfried Dörschlag. Zum Thema „schlechtes Material" fügte er hinzu: „......weil die schnelle Fahrt auf kurvenreicher, schlechter Straße häufiges Bremsen bedingte und das teilweise oder völlige Versagen der Bremsen krampfhafte Betätigung derselben verlangte. Der Ausfall wirkungsvoller Bremsen zwang viele Fahrer, die Maschinen mit den Füßen zu stoppen: Der Fahrer Mitteler stellte hierbei einen Rekord auf, indem er in 17 Fahrtagen 17 Paar Schuhsohlen durchgefahren bzw. durchgeschliffen hat. Vorsichtigere Fahrer hatten daher Lappen um die Füße gewickelt..."

Die gesamte Kleidung der Motorradfahrer war abenteuerlich, nur unzureichend war der Schutz vor Kälte und Nässe. Auch die Entwicklung der Beleuchtung steckte damals noch in den Kinderschuhen. Die Karbidlampen waren noch technischer Standard, froren aber bei Kälte einfach ein. Bei den häufig vorkommenden Stürzen wurden sie zudem irreparabel beschädigt. Die von den Hinterrädern angetriebenen Dynamos rutschten über den Reifenmantel hinweg, weil die geriffelten Antriebsrollen im Nu verschmiert waren. Ständig notwendige Reparaturen, das Säubern und Einfetten der Radlager, Austauschen und Nachspannen der Lederriemen für den Antrieb des Hinterrades bei Kälte und Nässe mit klammen Fingern machten den Wettbewerb zu einem „unvergesslichen Abenteuer".

Ernst Neumann, Fahrer der kleinen Klasse bis 150 ccm, war mit einer von drei bei den Allright-Werken gebauten Maschinen unterwegs. Neumann erreichte erfolgreich das Ziel in der Domstadt und beschrieb das triumphale Finale:

Fahrer Ernst Neumann Neander, Erich Goretzki, Georg Sorge, der Protektor der Neandermaschine und seine Frau

In Köln am Rhein

Durchfahrtkontrolle in Köln-Dünnwald

Ankunft in Köln, Adolf Esch und Wilhelm Etzbach, Deutschlandfahrt, 1924

„Der letzte Tag der Fahrt. Menschen, Hurras, Hüte-, Tücherschwenken, Ekstase der Begeisterung. Schlamm, Schneekot, tiefe Löcher in der Straße. 50 km zwischen Menschenmauern. Köln, die heilige Stadt, fliegt heran. Es ist kaum zum Durchkommen vor Menschen, Kraftwagen, Krafträdern, Radfahrern, Blumen und Lärm. Die Deutschlandfahrer sind kaum mehr weiterzubringen. Überall in den Vororten Empfänge, Reden, Hurras. Weine vom Rhein, Mosel fließen in Strömen. Die rettende Absperrung des Zielhauses hinter Gartengittern nimmt mich auf. Frauen, Männer mit Armen voll gelben Mimosen schließen mich ein. Photographen, Kinographen, Offizielle. Hinten heraus flüchte ich mich, hinter den Mauern von Menschen, dem Rheinufer entlang, dem Dom entgegen, in die menschenleere Stadt Köln hinein, hinein ins stille Hotelzimmer und ins warme Bad. Es ist überstanden."

Sammlung Salentin

Neander
Deutschlandfahrtmodell

Typ: D20
Rahmennummer: 111
Englischer 150 ccm Motor der
Marke Villiers
Englisches Albion Getriebe

Die Maschine ist eine von den drei Neandermaschinen, die Ernst Neumann Neander innerhalb von nur drei Wochen bei den Kölner Allright-Motorrad-Werken für die erste Deutschlandfahrt 1924 unter enormem Zeitdruck fertig stellte.

Ernst Neumann, der diese Maschine selber fuhr, belegte damit in der Klasse bis 150 ccm den 14. Platz.
1925 nahm die Maschine mit der gleichen Bereifung mit dem Fahrer Frank Mason zum zweiten Mal an der Deutschlandfahrt teil, nachdem sie in der dazwischen liegenden Zeit als Lernmaschine für Anfänger gedient hatte.

Schon in einem Bericht der Euskirchener Volkszeitung vom 18.01.1925 wurde diese Maschine als Zeichen höchster Verehrung als „Großmama" bezeichnet, im Hinblick auf ihre vielen Enkel, die seitdem das Licht der Welt erblickten.

Sie ist der Prototyp, der anschließend in Euskirchen hergestellten Deutschlandfahrtmodelle mit der Typenbezeichnung Tourist.

Das Müngersdorfer Radstadion

Kölner Rennstrecken und Veranstaltungen

Im Jahre 1927 fand zum zweiten Male „der Welt größte Radsportveranstaltung" in Köln-Müngersdorf statt. Köln war als Austragungsort der Bahnwettbewerbe der Radweltmeisterschaften ausgewählt worden, die Steherrennen hingegen fanden in Wuppertal, die Straßenrennen auf dem Nürburgring statt. Um das seit 1921 bestehende Müngersdorfer Radstadion WM-tauglich zu machen, wurde die ursprüngliche Holzpiste durch eine Betonbahn ersetzt, die bald den Ruf der „schnellsten Piste Europas" erlangte. Das Stadion wurde zudem mit einer „Petroleum-Gasglühlicht-Flutlichtanlage" ausstaffiert, deren „60.000-Kerzen-Lichtstärke" auch Abendveranstaltungen ermöglichte.

Dass Köln zum wiederholten Male Austragungsort der Weltmeisterschaft wurde, war sicher den guten Verbindungen von Heinrich Stevens zu verdanken. Stevens war Rennorganisator, Manager von Rennfahrern wie Willi Schmitter und Peter Günther sowie zeitweilig Pächter von Rennbahnen. Vor allem aber war er vor dem Zweiten Weltkrieg „der Strippenzieher" des Kölner Radsports. Im nationalen und internationalen Rennsportverband brachte ihm seine Kompetenz hohes Renommee ein. 1923/24 war er Präsident des Bundes Deutscher Radfahrer (BDR) und Vize-Präsident der Union-Cycliste International (UCI). Stevens galt auch als Vater der Kölner Fliegerschule, die in den 20-er und 30-er Jahren den Bahnradsport dominierte. Auch bei den Weltmeisterschaften 1927 stellte sie mit Mathias Engel den Titelgewinner und mit Peter Steffes den Drittplatzierten.

...drennbahn mit Tribünen

Die Radrennbahn in Köln-Müngersdorf war bis Anfang der 70-er Jahre Schauplatz verschiedenster Sportereignisse. Der Fußball-Regionalligist Viktoria Köln beispielsweise bestritt seine Heimspiele dort. 1982 wurde sie aus „Altersgründen" abgerissen. Der Sportausschuss des Rates der Stadt Köln bewilligte 1988 den Bau einer neuen Radrennbahn. Zehn Monate später, am 19. September 1989, legten Rudi Altig, Arthur Tabat (Verein Cölner Straßenfahrer) und der damalige Kölner Oberbürgermeister Burger den Grundstein für eine neue Anlage, die am 6. August 1990 offiziell eröffnet wurde. 1996 war die neue Arena Austragungsort der Deutschen Meisterschaften im Bahnradsport. Am 21. September 1997 wurde dort eine Gedenktafel für Albert Richter, den vergessenen Weltmeister, enthüllt. Seither trägt die Anlage den Namen Albert-Richter-Bahn.

Deutsche Meisterschaft, Müngersdorfer Radstadion, 1922

Die Rheinlandhalle

Kölner Rennstrecken und Veranstaltungen

1928 wurde der große Maschinensaal der ehemaligen Automobil-Werke „Helios" in Köln-Ehrenfeld zur „Rheinlandhalle" umgebaut, die Schauplatz großartiger Radsportveranstaltungen wurde. Initiator dieses Projekts war Arthur Delfosse, der nicht nur Besitzer der Helios-Werke, sondern auch ehemaliger Radsportler war.

Am 2. November 1928 startete hier das erste Kölner Sechs-Tage-Rennen. Hoch über dem Rennoval hing der „Sprecherkorb", aus dem Dr. Bernhard Ernst, der Pionier der Funkreportage, mit einem beweglichen Mikrophon das Rennen „live" in die Radios übertrug. Das Eröffnungsrennen in der Rheinlandhalle gewann sensationell das beliebte Kölner Sprinter-Duo Viktor „Fibbes" Rausch/Gottfried Hürtgen. Willi Ostermann komponierte spontan ein Lied, in dem es hieß: „Das war ein Spurt, das war ein Spürtchen - es lebe Rausch, es lebe Hürtgen!"

Damals gingen Sixdays noch wirklich über sechs Tage: 144 Stunden mussten die Fahrer im Rennsattel verbringen, bis zu 4.000 km legten die Teams zurück. Das Publikum honorierte diese enormen Leistungen, strömte in Scharen in die Halle. Einige fanden sogar Wege, das Eintrittsgeld zu sparen: 1932 entdeckte man Tunnel, die vom Nachbargrundstück aus in die Rheinlandhalle führten und vermutlich von Radsport-Verrückten gegraben worden waren.

Lange währte die Freude über den Bahnsport in der „Rheinlandhalle" leider nicht. Im „Dritten Reich" wurden in ganz Deutschland Sechs-Tage-Rennen verboten. Die Rheinlandhalle wurde 1933 in „Adolf-Hitler-Halle" umbenannt und für Propaganda-Veranstaltungen von NSDAP, SA und HJ genutzt.

Nach dem Ende des Zweiten Weltkrieges lag die Rheinlandhalle in Trümmern und diente zunächst der Reichsbahn als Werkstatt. 1956 machte sie noch einmal Schlagzeilen, nicht als Sporthalle, sondern als erster Supermarkt Deutschlands mit einer Verkaufsfläche von immerhin 2.000 m² und 600 Einkaufswagen.

1958 wurde auf der anderen Rheinseite in Köln-Deutz die neue Sporthalle eingeweiht. Nach einer Unterbrechung von 25 Jahren rief der Hallensprecher am 13. Dezember 1958 wieder ein Feld von 13 Paaren zum Start eines Sechs-Tage-Rennens auf das nur 166,66 m lange Holzoval mit einem Kurvenradius von 54 Grad. Die Rennen knüpften zunächst an die ruhmreiche Zeit der alten Rheinlandhalle an. Jedes Jahr im Dezember wurde Köln „Fahrrad-Jeck", und es pilgerten Tausende Zuschauer nach Deutz, um nun Radstars wie Hennes Junkermann, Klaus Bugdahl, Wilfried Peffgen, Rudi Altig und Gregor Braun auf der Piste zu bewundern.

In den 70-er und 80-er Jahren verflachte das Zuschauerinteresse an den Bahnrennen. Mitte der 90-er Jahre lebte es aber noch einmal auf: Zu den Kölner Sixdays kamen 1997 und 1998 insgesamt 40.000 Zuschauer. Fast täglich war die Halle ausverkauft. Trotzdem war 1998 Schluss. Zum Abschluss siegte, wie 60 Jahre vorher bei der Eröffnung 1928, ein (Wahl-) Kölner. Der Lokalmatador Andreas Kappes und sein italienischer Partner Adriano Baffi konnten die 46. und letzte Auflage des Kölner Sechs-Tage-Rennens in einem Herzschlagfinale gewinnen. Auf dem Siegerpokal stand eingraviert „tschüss".

Statt der alten Sporthalle gönnte sich Köln die Köln-Arena - Europas größte Mehrzweckhalle, in der allerdings für eine Radrennbahn kein Platz war. Am 13. März 1999 wurde die Kölner Sporthalle abgerissen. Sie hat sich aber tapfer gewehrt. Beim ersten Sprengversuch blieb sie einfach stehen. Der Radsport ist in Köln eben nicht klein zu kriegen.

Wilhelm Etzbach auf Herko
bei einer der frühen Sportveranstaltungen
im Kölner Stadtwald, 1924

Das Stadtwaldrennen

Kölner Rennstrecken und Veranstaltungen

Wo man heute am Sonntag friedlich spazieren geht und im Wildpark niedliche Rehe sieht, zwischen Dürener- und Friedrich-Schmidt-Straße sowie Militärring und Kitschburger Straße, da ging es früher am Wochenende richtig rund. Motorradrennen im Stadtwald: Was heute unvorstellbar scheint, war ab 1936 in Köln-Lindenthal Realität.

Die kurze Rundstrecke war bei den Fahrern nicht besonders beliebt, beim Publikum dafür um so mehr. Bis zu 80.000 Zuschauer säumten die Straßenränder und jubelten ihren Idolen zu, welche dort die Sunbeams, Nortons, Kompressoren von BMW oder NSU Werksrennmaschinen brüllen ließen. Die Renndistanz betrug gewöhnlich 40 Runden

Die Kölner Zuschauer hatten beim Stadtwaldrennen auch reichlich Gelegenheit, ihre Lokalmatadoren zu bejubeln: Die Zeitschrift „Das Motorrad" schrieb 1936:

„...Im Kölner Stadtwald brummen wieder die Motoren, sie brummen ihr altes Lied... Der lange Soenius, der den Ruhm des rheinischen Motorsports nun seit an die fünfzehn Jahre in alle Welt hinausträgt, nimmt die Aufgabe, als einziger Fabrikfahrer gegen eine Meute allerbester Privatfahrer zu starten und - gewinnt, bitterernst, nicht umsonst, denn seine 350 NSU ist ebenso zuverlässig, ebenso schnell wie er..."

Thorn-Prikker nach der Betankung, Stadtwaldrennen

á 2,6 km. Gefahren wurde gegen den Uhrzeigersinn, immer links herum. Für die Fahrer bedeutete das: Lahme Muskeln in dem ständig unter Spannung stehenden linken Arm und permanenten Gegendruck mit Rechts. Zusätzlich querten in zwei Kurven Eisenbahngleise die Strecke, was es schwierig machte, die Gewalt über die schlingernden und stampfenden Maschinen zu behalten.

Steinbach und Fleischmann unter einem Siegeskranz. So sieht es doch nett aus! Foto: Hoepner, Zeitung von 1936

KÖLNER STADTWALDRENNEN

Es ist noch gar nicht so sehr lange her, da war Köln die Hochburg des deutschen Motorradsports, aus Köln kam eine ganze Reihe wirklich guter Leute. Und wie groß immer noch die Begeisterung gerade in Westdeutschland ist, zeigte ganz klar der Rekordbesuch von über 80 Tausend Zuschauern. In dem herrlichen Stadtwald, in dem sonst der Großstädter Entspannung sucht, sah es für einige Tage ganz anders aus.

Gegenüber dem Vorjahre sind an der Strecke Verbesserungen vorgenommen, rundherum reichliche Strohpolsterung und auch für die Sicherheit der Zuschauer war ausreichend gesorgt. Wegen der gewölbten Straße dürfte die Strecke — besonders das Kleinpflasterstück — bei Regen nicht so ganz ungefährlich sein, hinzukommt, daß es ja nur ein 2,6-km-Kurs ist — und während der ersten Runden, wenn das Feld noch geschlossen beisammen lag, sah es doch mitunter etwas wild aus. Und man denkt unwillkürlich an die segensreiche Einrichtung der Qualifikationsrunden.

Und weiter denkt mancher etwas schmerzlich, wie gut haben es doch die Kölner, die haben jedes Jahr „ihr" Stadtwaldrennen und ganz in der Nähe ist dann auch noch der „Ring".

Die beiden NSU-Fahrer Steinbach und Fleischmann waren diesmal vernünftig und hetzten sich nicht gegenseitig tot, sondern brachten ihre genau gleich schnellen Maschinen im toten Rennen ans Ziel. Sie wechselten dabei ständig in der Führung. Hier ist gerade Steinbach vorne und Fleischmann dahinter.
Foto: Presse-Bild-Zentrale.

Start zum Lauf der Gespanne, Kölner Stadtwaldrennen, 1937, Thorn - Prikker mit Imperia Pendelgespann.

Ein weiterer der damals erfolgreichsten Fahrer war der mehrfache Deutsche Meister Kurt Mansfeld. Er gewann 1937 auf einer NSU in der Halbliterklasse das Kölner Stadtwaldrennen. Der Sieg wurde ihm jedoch nachträglich aberkannt. Der Grund: Bei einem Rennen in Ungarn hatte sich der Breslauer spöttische Bemerkungen über Adolf Hitler erlaubt. Erst Jahre später wurde Kurt Mansfeld rehabilitiert. Bei den Gespannen gewann 1937 der Oberbayer Toni Babel. Er verunglückte wenige Wochen nach dem Kölner Rennen auf dem Nürburgring tödlich.

Mit dem Stadtwaldrennen war es schon nach drei Jahren wieder vorbei. Lärmbelästigung für die Anwohner zum Einen, der Beginn des zweiten Weltkrieges zum Anderen waren die Gründe für die kurze Existenz dieser Kölner Rennveranstaltung, die das Hamburger Stadtwaldrennen zum Vorbild hatte. Die meisten Fahrer mussten den Rennhelm gegen den Stahlhelm tauschen und ihre Fahrkünste auf den schweren Seitenwagengespannen oder den Meldekrädern der Wehrmacht beweisen. Viele von ihnen kamen nicht mehr zurück.

Mit Vollgas durch Kölle!

Der „Kölner Kurs": Die Rennstrecke am Köln/Bonner Verteiler

Kölner Rennstrecken und Veranstaltungen

Ein großer Teil der deutschen Bevölkerung war in den ersten Jahren nach dem verlorenen Krieg unterernährt und hauste inmitten von kriegszerstörten, zerbombten Städten in überfüllten Unterkünften und Behelfsbaracken. Glücklich konnte sich schätzen, wer noch ein Fahrrad besaß. Fahrradreifen wurden in jener Zeit „mit Gold aufgewogen", sie waren wirklich unschätzbar. Bis Ende 1946 durften Fahrräder in Köln und den anderen Besatzungszonen offiziell ausschließlich für berufliche Zwecke benutzt werden. Eine Bescheinigung der Polizeiverwaltung in englisch und deutsch war mitzuführen, sonst wurde das Fahrrad konfisziert. Das galt natürlich ebenso für Autos und Motorräder. Benzin war streng rationiert und wichtige Ersatzteile, wie Reifen, Zündkerzen oder gar Motoröl, waren nur auf Bezugsschein oder auf dem Schwarzmarkt erhältlich. Natürlich hatten die Menschen in diesen Tagen etwas anderes im Kopf als Motorsport. Sie hatten genug andere Probleme. Doch gerade in diesen Zeiten war auch das Bedürfnis nach sportlichen und kulturellen Ereignissen groß. Die Menschen waren müde vom Krieg und der Tristesse der Ruinen-Städte. Ihr Drang nach Abwechslung vom harten Alltag ließ die Mitglieder des 1947 wiedergegründeten Kölner Clubs für Motorsport (KCM) dann auch den Versuch wagen, bei den Besatzungsmächten die Erlaubnis für eine Rennveranstaltung zu beantragen. Nach einem ersten Bahnrennen, das am 1. Juni 1947 auf der 400-m Steilwand-Zementbahn in Riehl vor über 5.000 begeisterten Zuschauern ausgetragen worden war, wollte man auch ein Straßenrennen organisieren.

Schon 1946 war die Idee geboren, am Rande von Köln, zwischen dem Autobahnkreuz Süd und der zerstörten Rheinbrücke Rodenkirchen ein Rennen durchzuführen. Viele Enttäuschungen und unglaubliche organisatorische Schwierigkeiten waren zu überwinden. Dreimal stand der Kölner Kurs im Terminkalender, dreimal wurde der Kölner Kurs verboten, so auch am 20. Juli 1947.

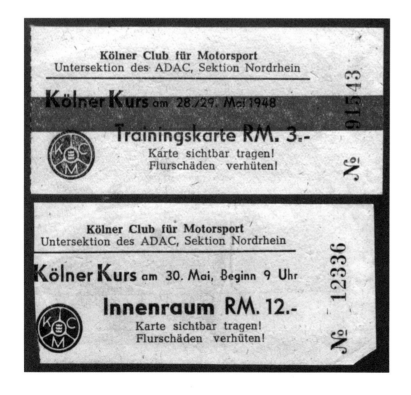

Start zum ersten Kölner Kurs, 1948

Erst ein Jahr später wendet sich das Blatt zu Gunsten der Kölner Rennbegeisterten. Die Zeitung „Der Motorsport" berichtete 1948 in der Rubrik „Am Rande bemerkt":

„Wohl noch nie in der Geschichte des deutschen Motorsports ist ein Rennen derart improvisiert. Am Samstag den 22. Mai war es nach dreistündiger Kabinettssitzung der Landesregierung NRW möglich geworden, die endgültige Genehmigung durchzusetzen. Dieses nur acht Tage vor dem Renntermin, mit der Auflage, dass der Club sich verpflichtet, nicht über Sport zu reden, sondern vor allem über Flurschutz…"

Gemeint war damit die erhebliche Befürchtung der Bauern, dass die umliegenden Felder an der Rennstrecke durch die Zuschauer geplündert werden könnten.
Am 29. und 30. Mai 1948 standen 300 zugelassene Teilnehmer auf zwei, drei oder vier Rädern am Start. Insgesamt hatten über 400 Bewerber versucht, teilzunehmen. In 16 Klassen fuhren Solomaschinen, Seitenwagen, Kleinstrennwagen bis zur Formel 2 um den Sieg. Bunt und vielschichtig war die Liste der Fahrzeuge: DKW, Norton, NSU, Rudge und Triumph bei den Motorrädern; AFM, Maserati, Veritas und Scampalo bei den Sport- und Rennwagen. Überwiegend handelte es sich um Vorkriegsfahrzeuge, die gut versteckt und eingemottet die Kriegszeit überstanden hatten. Daneben gab es auch abenteuerliche, aus Teilebeständen der 20-er und 30-er Jahre hergerichtete Eigenbau-Modelle. Abgeworfene Zusatztanks von Bombern dienten teilweise als Rennwagen-Karosserie, und Wehrmachtsmotoren von Zündapp und BMW waren nunmehr für friedliche und sportliche Zwecke in Seitenwagengespannen und Kleinwagen zu finden. Auch das Fahrerfeld war bunt gemischt: Motorsportidole der Vorkriegszeit neben jungen, noch unbekannten Namen bei den sogenannten Ausweisfahrern, der Vorstufe zu den „Profis", den Lizenzfahrern.

Trotz des schlechten, kalten Wetters drängten sich 100.000 begeisterte Zuschauer an den Streckenrand, um einen Blick auf die vorbeirasenden Fahrzeuge zu erhaschen. Dahinter bewachten die

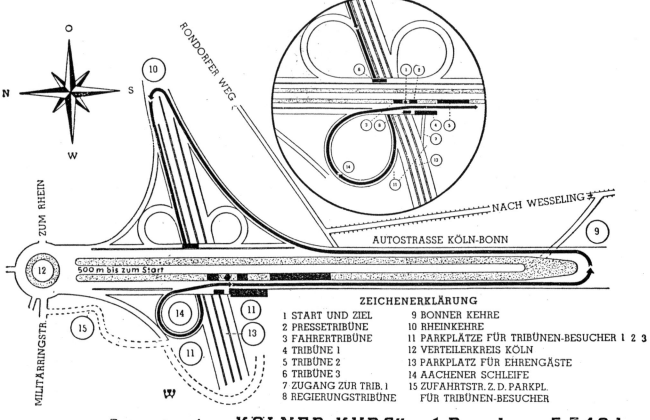

ZEICHENERKLÄRUNG

1 START UND ZIEL
2 PRESSETRIBÜNE
3 FAHRERTRIBÜNE
4 TRIBÜNE 1
5 TRIBÜNE 2
6 TRIBÜNE 3
7 ZUGANG ZUR TRIB. 1
8 REGIERUNGSTRIBÜNE
9 BONNER KEHRE
10 RHEINKEHRE
11 PARKPLÄTZE FÜR TRIBÜNEN-BESUCHER 1 2 3
12 VERTEILERKREIS KÖLN
13 PARKPLATZ FÜR EHRENGÄSTE
14 AACHENER SCHLEIFE
15 ZUFAHRTSTR. Z. D. PARKPL. FÜR TRIBÜNEN-BESUCHER

Rennstrecke „KÖLNER KURS" — 1 Runde = 5,542 km

Teilstrecken: Start bis Bonner Kehre = 2,041 km, Bonner Kehre bis Rhein-Kehre = 2,490 km, Rhein-Kehre bis Aachener Schleife = 569 m, Aachener Schleife bis Startlinie = 242 m

Ist es beim *Kölner Kurs* so weit?

300 Kilo gelassene Ruhe, das ist Heiner Fleischmann mit seiner Maschine. Doch — wehe, wenn sie losgelassen!

Foto: v. Stavenhagen

Kölner Kurs

"Schupos" die Felder der Bauern. Der Chef der Regierungspolizei, ein Herr Oberst Wirth war fest entschlossen, für Ordnung zu sorgen und die Gemüsefelder gegen illegale Übergriffe hungriger Rennsportfans zu verteidigen: *"Jeder Saboteur unserer Arbeiten und des Motorsports wird angesehen und gebrandmarkt..."*

Das Rennwochenende wurde zu einem großen Erfolg und war bei Wochenbeginn Tagesgespräch im ganzen Rheinland: *"Fahrer und Publikum waren von der Strecke sehr beeindruckt. Sie freuen sich auf den nächsten Termin, sie freuen sich auf den nächsten Kölner Kurs"* lautete der Tenor der Presse. Die vielleicht emotionalsten Worte fand der Sonderberichterstatter "TZ" in der "Motorradwelt": *"Neben dem Dom - den wir verehren, dem Karneval - den wir lieben und dem "Kölnischen Wasser" - das wir nicht entbehren, gibt es nun etwas Anderes, etwas Neues, was uns das dritte Jahr der Nachkriegszeit geschenkt hat: Einen "Kölner Kurs", als Demonstration des Fortschritts und des Aufbauwillens..."*

Leider kam es anders. Ein Jahr später folgte die große Ernüchterung. Die sieben Kartenverkaufsstellen waren dem Ansturm nicht gewachsen. Zudem kursierten gefälschte Eintrittskarten, polizeiliche Untersuchungen wegen mutmaßlicher Unterschlagungen blockierten einen geregelten Kartenverkauf. Dies alles schadete dem Kölner Kurs, der am 19. Oktober 1949 ausgetragen wurde. Die Kölnische Rundschau berichtete: "Kölner Kurs endete mit Verlust. Bei mindestens 80.000 Zuschauern nur 29.000 Karten für den Veranstalter!" Auf Grund dieser Probleme konnte der KCM die Veranstaltung danach nicht mehr durchführen. Erst ein halbes Jahrhundert später erlebte zumindest der Name "Kölner Kurs" seine Wiederaufstehung: Der MSC Porz verwendete diesen Titel für ein internationales Rennen von historischen Motorrädern. Dieses Mal allerdings nicht mehr auf einem Kölner Autobahnkreuz, sondern auf dem Nürburgring.

Arend   O. Meyer   Lawson
im Zwischenlauf zum westdeutschen Derby, Köln

Drei Superstars, drei Tragödien des Radrennsports

Drei Superstars, drei Tragödien des Radrennsports

Schon zu Beginn des 20. Jahrhunderts lockte die Aussicht auf eine Karriere als Radprofi viele junge Männer zum Radsport. Erfolgreichen Berufsportlern winkte materieller Wohlstand und sozialer Aufstieg. So wundert es nicht, dass viele spätere Radstars ursprünglich aus einfachen Verhältnissen und im Falle von Köln aus Arbeiter-Stadtteilen wie Ehrenfeld, Nippes, Mülheim und dem Eigelsteinviertel stammten. Aus diesem Reservoir ambitionierter und kräftiger Burschen kamen die Kölner Talente, von denen es seit den Anfangsjahren des Radsports bis heute viele in verschiedenen radsportlichen Disziplinen bis ganz nach oben in die Weltspitze gebracht haben.

Zeitweise, um genauer zu sein in den 20-er und 30-er Jahren, beherrschten Kölner Fahrer besonders in einer Disziplin die Rennsportszene: Gemeint ist die „Kölner Fliegerschule", deren Vertreter mit steter Regelmäßigkeit national und international fast alles an Titeln und Trophäen einfuhren, was es zu gewinnen gab. 1923 bis 1925 war zum Beispiel Paul Ozmella drei Mal in Folge Deutscher Meister der Amateure, in den Jahren von 1930 bis 1942 gewannen ausnahmslos Kölner die nationale Meisterschaft der Profis. Die Titelgewinner hießen Peter Steffes, Mathias Engel, Albert Richter, Jean Schorn und Toni Merkens.

Wenn auch der Kölner Radsport insgesamt zu dieser Zeit regelmäßig erfolgreich war, lässt sich dies über einzelne Fahrer nicht mit der gleichen Gewissheit behaupten. Sie waren nicht nur für Spitzenleistungen berühmt, sondern auch für gelegentliche Blamagen. Mehr als einmal wurde ihnen sinngemäß vorgeworfen, die fehlende Konstanz ihrer Leistung rühre von mangelnder Disziplin her. Tatsächlich waren einige von ihnen, soweit man das heute noch weiß, beim feiern ihrer Siege mindestens ebenso eifrig, wenn nicht noch eifriger, als beim Training.

Nur drei der großen Fahrer werden im Folgenden ein bisschen näher vorgestellt. Die Auswahl ist eine rein subjektive und allein dadurch begründet, dass die Geschichten dieser Männer die Autoren besonders berührt haben.

Clubmeisterschaft des R. C. Schmitter Köln, 1931

Willi Schmitter

Einer der ersten Kölner Radsport-Superstars war der Steher-Rennfahrer Wilhelm (genannt Willi) Schmitter. Er war ein echtes Idol seiner Zeit und auch international bekannt. Geboren wurde er am 8. Februar 1884 in Mülheim am Rhein. Sein eigentlicher Beruf war Drogist, sein Vater war Drucker. Mit 17 Jahren begann er 1901 seine Rennfahrerlaufbahn als Amateur-Flieger und gewann als solcher den Rheinpokal 1901. 1903 wechselte Schmitter in das Profilager und wurde „Dauerfahrer". Im selben Jahr gewann er den Behmlinde-Preis in Dortmund. 1904 holte er den Goldpokal von Münster, den Jubiläumspreis von Dortmund. 1905 gewann Schmitter das Goldene Rad vom Rhein, den Goldpokal von Köln, den Germania-Preis und den Preis von der Goldenen Ecke in Köln. Schmitter war der erste deutsche Dauerfahrer, der im offenen Rennen mehr als 80 km zurücklegte. Laut zeitgenössischer Literatur galt er als der „befähigtste Dauerfahrer der jüngeren Generation und populärste Fahrer im Rheinland seit Lehrs Zeiten…".

Sein größter Erfolg war ein vierter Platz bei der Weltmeisterschaft des Jahres 1905. Auf dem Höhepunkt des Erfolges stehend, kam er noch im selben Jahr bei einem Rennunfall in Leipzig ums Leben. Die Tragödie ereignete sich am 17. September 1905 bei einem Rennen um die Europameisterschaft. Während des Rennens platzte ein Reifen, Schmitter stürzte und wurde von einer folgenden schweren Maschine überfahren. Er verstarb in der Nacht zum 18. September 1905 an den erlittenen Verletzungen.

Über die europäische Presse verbreitete sich rasch die Nachricht seines Todes. Belgische Tageszeitungen brachten ausführliche Artikel über den so jäh aus dem Leben gerissenen Radstar. Sein hervorragendes und faires Fahren, sein bescheidenes und zuvorkommendes Auftreten, die ihm die tiefsten Anerkennungen bei Kollegen und Zuschauern eingetragen hatten, wurden in zahlreichen Nachrufen hervorgehoben. Mehr als alles andere lieferte jedoch seine Beerdigung den eindrucksvollsten Beweis dafür, wie populär und beliebt Willi Schmitter als Sportler und der Radsport insgesamt zu Anfang des 20. Jahrhunderts waren.

Am Tage seiner Beisetzung transportierten Dampfboote, Eisen- und Straßenbahnen Tausende von Menschen nach Mülheim, die ihm die letzte Ehre erweisen wollten. Die Menschenmenge war so groß, dass sich die Mülheimer Polizei gegen halb drei nachmittags veranlasst sah, wegen „des lebensgefährlichen Gedränges" Unterstützung aus Köln zu bitten. Schließlich war der Weg von Schmitters Elternhaus in

Willy Schmitter

Ueber die Todesfahrt Willy Schmitters finden wir im „Leipziger Tageblatt" die folgende ergreifende Darstellung:

Als am Sonntag der Startschuss zu dem bedeutendsten Rennen der Saison fiel, als das scharfe „Blaff" von den Tribünenwänden zurückgeworfen über die annähernd 30.000 Menschen schallte, da zuckte die Spannung durch die Massen. Wer wird heute zum Meister erhoben werden?

Unser Robl, wetteten die Einen. Der lässt sich den Ruhm nicht nehmen. Passt mal auf! Und wenn er auch die ganze Saison nicht viel geleistet hat, setzt er nur heute alle seine Kräfte daran, so ist er mit einem Schlage wieder der Liebling des Publikums, der Gefeierte in Europas Sportwelt. Nein, sagten die andern, Contenet macht's. Ihm passt die Bahn am besten. Er steht durch. Und wie ernst hat er sich darauf vorbereitet! Der holt seinem Standorte Leipzig den Preis. Und wieder andere meinten: Seht da, den mit den Spitzbart, den kleinen Guignard! Der hat den Weltrekord. Der erringt auch die Meisterschaft. Von Darragon sprachen die Wenigsten. Sie kannten ihn kaum. Um so häufiger klang der Name: Schmitter von den Lippen Tausender. Wusste man doch von ihm, dass er, das aufgehende Gestirn am Himmel der Sportwelt, das Zeug zum Meisterfahrer hatte und um den hohen Preis zähe sein Bestes hergeben würde. Noch kurz vor Beginn des Rennens soll er gesagt haben: „Der Ruhm bleibt den Deutschen. Und der Kölsche Jung holt ihn. Ich schaff's!"

Doch noch Einer, ein Sechster, fuhr auf der Bahn. Er hatte sich nicht gemeldet. Er stellte sich nicht den Photographen. Aber er war der Stärkste von allen. Und als die wilde Jagd begann, da raste er nicht an die Spitze, nein, heimtückisch lauernd heftete er sich an die Fersen der anderen. Seine Farbe war das Schwarz des Bahrtuchs, grausig flatterte der Mantel um die bleichen Knochen. Keines Schrittmachers bedurfte er. Sein Höllenrad spie Feuer und folgte fauchend dem sausenden Quintett. Da, in der 66. Runde schiesst er vor, zähnefletschend mitten in den dichten Knäuel von Motoren und Rädern hinein. Mit dem Mantel streift er Darragon. Den packt jähes Entsetzen. Und mit einem Ruck hält er zurück und lässt das Feld allein weiter über den Zement donnern. Doch schon hat sich der unheimliche Schwarze nach rechts gedreht. Mit Satansmiene grinst er jetzt Robl ins Antlitz. Und dessen Gesicht erstarrt. Seine Sehnen sind gelähmt. Und durch das Hirn blitzt ein Gedanke: Um Gotteswillen halt! Fort aus der entsetzlichen Nähe!

Und da richtet er sich jäh auf und folgt aufatmend langsam der tollen Fahrt.

Der schwarze Radler aber musste lachen: Welche Angst doch die „mutigen" Steher vor dir haben! Nein, nein! Das wäre mir nicht der rechte Sieg. Einen grösseren will ich. Und stoppend liess er die Augen über die Bahn schweifen. Hei! Da drüben saust der kühne Schmitter. Junges Blut! Und wie er in die Pedale tritt! Der Motor geht ihm nicht schnell genug. Er stösst den Schrittmacher: „Schneller! schneller!" Oha! Will wohl heut Meister werden? Ist nun keiner vom Himmel gefallen. Aber vom Rad! Das ist die rechte Beute. Holla! Den hol' ich!

Da zischt der Gummi. Die Speichen flirren. Die Räder rasen. Jetzt ist er dran.... Da löst sich eine knochige Hand aus dem wallenden Mantel, streckt sich lang aus und fasst den mutigen Schmitter ins Genick. Ein Zischen, Knallen, Pfeifen, Brechen.... und ein menschlicher Leib schleift über die Fläche. Jetzt liegt er leblos. Doch noch ist des Todes Sieg nicht sicher, sein Raub nicht gross genug. Er jagt auch noch einen schweren Motor über den blutigen Körper. Nun ist er endlich todwund.

Und im Siegestaumel saust der Tod davon. Wie? Da vorn Schmitters Schrittmacher unversehrt? Und Darragon daneben durch Schmitters Tod um eine Gewinnchance reicher? Knall und Rauch! Nur nichts halb! Und mit eiserner Gewalt schiebt er die Beiden ineinander. Ein Sturz, ein Rollen. Das Werk ist getan. Nun noch einmal zu Schmitter gejagt! Ah! Da liegt er. Daneben Contenet und sein Motor. Hihi! lacht der Tod. Die Szene muss beleuchtet werden. Und einen Funken bläst er hinein in den fauchenden Motor. Da schlägt die Flamme hellauf zum Wolkenhimmel. Ein Entsetzen packt die Tausende. Der Tod aber setzt im prasselnden Galopp über die Barriere, hinweg über die Massen, davon über die irdische Welt. Die Höllenfahrt eines Triumphators!

Und die Sonne geht unter. Die Nacht bricht ein. Da grüsst ein hoffnungsvoller Jüngling den Tod. Ein bleiches Antlitz fällt zur Seite.

Willy Schmitter

der Windmühlenstraße zum Mülheimer Friedhof von etwa 50.000 Personen gesäumt, die, laut Zeitungsberichten, mit mustergültiger und andächtiger Ruhe den Leichenzug an sich vorüberziehen ließen. „Als sich die Banner der Sportvereine senkten, setzte sich ein imposanter Zug in Bewegung." Mehrere Musikkapellen folgten, dazwischen 12 Kölner Radrennvereine wie Rheno Borussia, Flottweg, Schwalbe, Germania oder Wagender Stern, die über 30 große Blumengebinde und zahllose Kränze bei sich trugen. Den Kölner Rennfahrern voraus schritt ein zweites Musikkorps, dem sich der Wettfahrausschuss, Vertreter der Presse und viele in- und ausländische Vereine anschlossen.

Willi Schmitter hat im Kölner Radsport übrigens ein kleines Stück Unsterblichkeit erlangt. Noch heute, fast 100 Jahre später, führt ein traditions- und erfolgreicher Kölner Radverein, der R. C. Schmitter, stolz seinen Namen.

Albert Richter

Eine der tragischsten Schicksale der Kölner Zweiradhistorie ist das des Weltmeisters Albert Richter. Nur schwer lässt sich dieses traurige Kapitel der Kölner Sport- und Stadtgeschichte in ein paar Sätze fassen. Aufgewachsen in sehr einfachen Verhältnissen in der Sömmeringstraße, verlebte er seine Jugend in Köln-Ehrenfeld. Der musisch begabte Albert spielte in seiner Freizeit Geige und wäre es nach seinem Vater gegangen, dann wäre Albert Berufsmusiker geworden.

Doch Richter trainierte heimlich auf dem Fahrrad, vielleicht um seinem Idol Mathias Engel (Weltmeister 1927) nachzueifern. Mit 16 Jahren bestritt er seine ersten Rennen auf der Straße und der Bahn. Die schon bald errungenen Preise versteckte er unter seinem Bett. Erst ein Schlüsselbeinbruch bereitete dem Versteckspiel ein Ende. Es folgten heftige Auseinandersetzungen zwischen Vater und Sohn, doch Albert setzte sich durch. Mit 19 Jahren bereits galt er als der beste rheinische Amateurfahrer und die heimische Presse begann ihn hoffnungsvoll hervorzuheben.

In den 30-er Jahren wurde er gefeiert als eines der größten Radsport-Idole seiner Zeit: Richter wurde als 19-Jähriger im September 1932 in Rom sensationell Flieger-Weltmeister der Amateure und später als Profi ununterbrochen, konkurrenzlos Deutscher Meister von 1932-39. Im September 1933 jubelten die Illustrierten: *„Albert der Einzige.... der vollkommenste Sprinter der Jetzt-Zeit. Was sich vor unseren Augen abspielt, ist das Emporfliegen eines Adlers zum Licht des Erfolges. Auf seinen Flügeln trägt er den Ruf und Ruhm des Landes, das er Vaterland nennt, der Stadt, die seine Stadt heißt..."*

Albert Richter

Doch anders als viele seiner Kollegen und Mitmenschen konnte er sich nicht mit der NS-Ideologie anfreunden. Sein jüdischer Freund und Manager Ernst Berliner musste in die Niederlande emigrieren, um den Nazis zu entgehen, doch Richter blieb seinem Freund treu und ließ sich, trotz gefährlichen Drucks, weiter von ihm managen. Richter passte mit seinen Ansichten über Freundschaft und Menschenachtung nicht in die „Deutsche Volksgemeinschaft" der damaligen Zeit. Bei den Weltmeisterschaften 1934 in Leipzig wurde Richter Dritter hinter dem Belgier Scherens und dem Franzosen Gérardins.

Albert Richter

Bei der Siegerehrung verweigerte Richter den obligatorischen Hitlergruss. Ein mutiges, ehrliches Zeichen. Auf internationalen Veranstaltungen trug er das Trikot mit dem Reichsadler und nicht das mit dem Hakenkreuz.

Keine Frage, Albert Richter stand schon zu dieser Zeit unter Beobachtung. Aber warum ließ man ihn lange Zeit unbehelligt? Wahrscheinlich weil der blonde und blauäugige Siegertyp Ruhm und Ehre für die Nation versinnbildlichte. Und Richter fühlte sich sicher, dass seine sportlichen Erfolge ihn schützen würden. Zu sicher, wie sich später herausstellen sollte.

Am 9. Dezember 1939 fuhr er sein letztes Rennen, den „Großen Preis von Berlin". Die Gestapo hatte bereits mehrfach seine Eltern dazu aufgefordert, ihren Sohn zur Bespitzelung von Kollegen zu überreden, auch sollte er bei seinen Auslandsaufenthalten Skizzen von militärischen Anlagen besorgen. Nachdem Albert aus Berlin wieder in Köln eingetroffen war, bearbeitete man ihn persönlich, erpresste ihn mit seinen verbotenen Beziehungen zu Berliner. Vergeblich, er lehnte kategorisch ab. Eine mutige, aber fatale Entscheidung.

Am 31. Dezember 1939 packte Albert Richter seinen Koffer, nahm Rad und Skier mit, um in die Schweiz zu reisen. Eingenäht in die Reifen hatte er 12.700 Reichsmark, die dem im Ausland lebenden Kölner Juden Alfred Schweizer gehörten. Richter hatte ihm schon einige Zeit vorher versprochen, die Summe zu überbringen. In Weil am Rhein kam es zur Kontrolle der Reisenden. Zwei holländische Fahrerkollegen, die zufällig mit im Zug saßen, sahen wie Richter streng durchsucht wurde, wie dabei die Reifen seines Rades aufgeschnitten wurden und das Geld zum Vorschein kam. Beide mussten sich ebenfalls einer Leibesvisitation unterziehen, die Reifen ihrer Räder ließ man aber unbehelligt.

Am Abend des 31. 12. 1939 lieferte man Richter in das Gerichtsgefängnis von Lörrach ein. Sein Bruder wollte ihn zwei Tage später besuchen und fand ihn im Leichenkeller des Krankenhauses, blutverschmiert mit Löchern im Rock - angegebene Todesursache: Selbstmord durch Erhängen. Später lautete die erste offizielle Variante für die Presse, die auch im Ausland übernommen wurde: „Tod bei einem Skiunfall". Erst als die beiden holländischen Augenzeugen ihre Beobachtungen weitergaben, wurde „Erschießen auf der Flucht bei einem Devisenschmuggel" behauptet, noch später schaltete man auf Selbstmord um.

Posthum wurde er 1940 in der Nazi-Presse und den Verbandsorganen des gleichgeschalteten Sports geschmäht: „Heute rot, morgen tot", schrieb der Völkische Beobachter in gewohnter Hetzpropaganda, „Fliegermeister Albert Richter tot...!" Die Zeitung „Deutsche Radfahrer", die ihn nur ein paar Jahre vorher noch frenetisch gefeiert hatte, schrieb in der Ausgabe vom 10. Januar 1940:

„Richter hat, um es mit dürren Worten zu sagen, für einen Kölner Juden zum wiederholten Male den diesmal, Gott sei Dank, misslungenen Versuch gemacht, größere Markbeträge in die Schweiz zu verschieben. Sein Name ist für alle Zeiten in unseren Reihen gelöscht."

Wie ist Albert Richter wirklich gestorben? Wurde er gefoltert und umgebracht? Er wäre nicht der Einzige in Lörrach gewesen. Bis heute ist sein Tod nicht restlos aufgeklärt. Woher wusste die Gestapo von dem Geld und dem Emigrationswunsch? Ernst Berliner, der viele Verwandte in Konzentrationslagern verlor, versuchte später zu recherchieren, wie es zum Tode und dem Verrat seines Freundes gekommen war. Er hatte einen schweren Stand. Unterstützung in Deutschland fand er kaum, er konnte zwar 1966 staatsanwaltliche Ermittlungen veranlassen, diese wurden aber 1967 trotz widersprüchlicher Aussagen und vieler Ungereimtheiten eingestellt. Alles deutet daraufhin, dass Albert Richter von deutschen Kollegen verraten wurde.

In Köln und West-Deutschland vergaß man Albert Richter schnell. Sich mit seinem Schicksal auseinander zu setzen hätte für Viele bedeutet, sich auch mit der eigenen Vergangenheit auseinander setzen zu müssen. Feigling und Vaterlandsverräter wurde er beschimpft, also konnte man ihn gut ignorieren. In der DDR passte er besser in das antifaschistische Bild, das man von sich aufbaute, deshalb hielt man seinen Namen hoch. 1971 erschien im Berliner „Kinderbuchverlag" ein Buch von Herbert Friedrich mit dem Titel „7 Jahre eines Rennfahrers". Es beschreibt auf 400 Seiten die Sieger- und Schicksalsjahre des Fliegerweltmeisters von 1932, Albert Richter alias Otto Pagler, in Romanform.

In den 90-er Jahren wurde Albert Richter dann auch in Köln endlich rehabilitiert. Hauptverantwortlich dafür war Renate Franz, die in ihrem Buch „Der vergessene Weltmeister" das Leben und den sinnlosen Tod des Kölner Sportlers beschreibt. Ihr ist es maßgeblich zu verdanken, dass Albert Richter wieder in Köln „lebt". Die neu errichtete Kölner Radrennrennbahn erhielt ihm zu Ehren seinen Namen. Heute ist Richter wohl die am meisten beleuchtete Person der gesamten Kölner Zweiradgeschichte.

Albert Richter

Toni Merkens

Toni Merkens (1912 - 1944) stammte aus dem Eigelstein-Viertel und galt in Köln als der „Jung vom Stavenhof". Angefangen hat seine Karriere mit einer Lehre als Fahrradmechaniker in der Werkstatt von Fritz Köthke, dessen Fahrradrahmen zu den besten seiner Zeit gehörten.

Nach einigen erfolgreichen Rennen in Köln startete Merkens zwischen 1933 und 1936 auch bei Wettkämpfen in England. Der Bahnradsport war zu dieser Zeit in England sehr populär, denn Straßenwettbewerbe (mit Ausnahme von Einzelzeitfahren) waren verboten. Auf der Insel konnte er viele Siege verbuchen, u. a. 1933 beim Internationalen Fliegerrennen in Herne Hill. In den Jahren 1934, 1935 (beide in Herne Hill, London) und 1936 (Manchester) errang er den Titel des Internationalen Fliegermeisters von England.

1935 wurde Toni Merkens in seiner Paradedisziplin, dem 1000 m Sprint, in Brüssel Weltmeister. Triumphe bei den Großen Preisen von Paris, Kopenhagen, London und dem Manchester Muratti-Goldpokal unterstrichen das internationale Format des Kölners Ausnahmesportlers.

So reiste Merkens als Favorit zu den Olympischen Spielen 1936 nach Berlin. Im 1000 m Sprintfinale trat er auf einem Kölner Fahrrad an. Es stammte von Gold-Rad, was eindeutig an der Lackierung zu erkennen war, doch soll am Entwurf des Rahmens Fritz Köthke die Federführung gehabt haben. Wie dem auch sei - Toni Merkens siegte und verwies den Niederländer Arie van Vliet auf den zweiten Platz. Sein Konkurrent legte nach dem Rennen offiziell Protest ein, da Merkens ihn behindert haben soll. Dieser wurde aber nicht disqualifiziert, sondern „nur" zu einer Strafe von 100 Reichsmark verdonnert und durfte seine Goldmedaille behalten.

Im Anschluss an seinen olympischen Erfolg wechselte Merkens in das Lager der Berufsfahrer. 1940 wurde er zusammen mit seinem Bruder Jupp Deutscher Meister der Steher und 1942 Sieger bei den Sprintern. Dann ereilte ihn das gleiche Schicksal wie Millionen anderer Menschen in Europa in dieser Zeit: Merkens wurde an die Ostfront einberufen. Verwundet durch einen Granatensplitter wurde er 1944 in ein Kölner Lazarett heimgeschickt. Im Anschluss kam er in ein Erholungsheim im Schwarzwald, wo er an Meningitis erkrankte. Dort starb das Kölner Idol am 20. Juni 1944, einen Tag vor seinem 32. Geburtstag.

In Köln ehrte man seine Erfolge, wie alle anderen deutschen Goldmedaillen-Gewinner, mit einer „Olympischen Eiche", die beim Radstadion angepflanzt wurde. 1948 enthüllte man dort einen Gedenkstein für Merkens. Auch anderswo wird an ihn erinnert: In München findet man im Olympia-Park den Toni-Merkens-Weg. Am Berliner Olympia-Stadion, an der Stätte seines größten Triumphes, befindet sich eine Merkens-Ehrentafel.

Cito 1942, Rad eines Luftschutzwartes, Sammlung Nordmann (Originalzustand)

Der Luftschutzwart überprüfte die Einhaltung der Verdunkelungsverordnungen. An diesem Rad befinden sich weder Chrom noch Nickel, da dieses Material zur Herstellung von Rüstungsgütern benötigt wurde.

Die Lackierung des Lenkers leuchtet im Dunkeln. Die Pedale sind aus einfachem verzinktem Pressblech, da auch Gummi nur noch für die Rüstung zur Verfügung stand. Der Sattel ist aus Kunstleder. Das Fahrrad ist mit Tarnbeleuchtung ausgestattet.

Kölner Motorrad-Asse der 20-er und 30-er Jahre

Kölner Motorrad-Asse der 20-er und 30-er Jahre

Ähnlich wie die Radrennfahrer besetzten auch die Motorrad-Rennfahrer aus Köln in den 20-er und 30-er Jahren eine herausragende Position in ihrer Sportart. Kölner Fahrer errangen nationale und internationale Titel. Sie waren umjubelte Idole und ständig in den Schlagzeilen der Sportpresse.

Der Alltag dieser Stars war in mancher Hinsicht abenteuerlich. Nicht nur, weil sie einen gefährlichen Sport mit hohem Unfallrisiko betrieben, nein - ein großes Problem stellten für die meisten Rennfahrer auch die mangelnden Trainingsmöglichkeiten dar. Kölner Renn-Asse wie Hans Soenius, Straßburger, Zündorf, Sieg oder Hans-Willy Bernartz trainierten meist auf der Landstrasse zwischen Gleuel und dem Decksteiner Weiher. Die Straße war asphaltiert, übersichtlich und nur wenig befahren. Prof. Hans-Willy Bernartz erinnerte sich 1984 in einem Interview der Kölnischen Rundschau:

„Wenn wir dort draußen trainierten, lockte das natürlich immer viele Schaulustige an. Unsere schweren Maschinen hatten ja keine Schalldämpfer, und so waren wir bereits von weitem zu hören. Während wir mit den Zuschauern keine Schwierigkeiten hatten, gab es allerdings regelmäßig Ärger mit der Polizei. Denn wir hatten weder Kennzeichen, Lampen oder die besagten Schalldämpfer. Kam die Polizei mit einem Personenwagen, zogen wir meist die Flucht über den Fußgängerweg nach Marsdorf einer Anzeige vor. Für den Streifenwagen war dieser Feldweg unpassierbar. Im Gegensatz zu den motorisierten Polizisten, wollten die Landgendarmen uns kein Knöllchen verpassen, sondern nur Autogramme."

Trotz solcher und anderer Schwierigkeiten, die sie bei der Ausübung ihres Sports überwinden mussten, wussten sich die Motorrad-Besessenen aus Köln gegenüber in- und ausländischer Konkurrenz mit Bravour zu behaupten.

Wilhelm Etzbach

Eher selten ist wohl der Sprung vom Rennradsattel auf das Motorrad erfolgreich geglückt. Das Kölner 20-er Jahre Ass Wilhelm Etzbach war eine Ausnahme von dieser Regel. Er bestritt zu Beginn seiner sportlichen Laufbahn etliche Fahrradrennen für den heute immer noch bestehenden VCS (Verein Kölner Straßenfahrer), bevor er zum Motorsport wechselte. 1920 erreichte Wilhelm Etzbach auf der Kölner Stadtwaldbahn beim Ausscheidungsrennen über 2.800 Meter einen respektablen fünften Platz; eine gute Leistung angesichts der vielen schnellen Kölner (in den 20-er Jahren bestand nahezu die gesamte Nationalmannschaft aus gebürtigen Domstädtern).

Als Motorrad-Rennfahrer fuhr Wilhelm Etzbach meistens Motorräder aus Kölner Rennställen. Auf Apex, Allright, Imperia und vor allem Esch-Rekord konnte Etzbach nationale und internationale Pokale von den Rennen mit nach Hause nehmen. Auch die Bielefelder Marke „Herko" oder die Stuttgarter UT-Jap Motorräder wurden von Etzbach siegreich pilotiert. Es reichte für Etzbach zwar oft für das Podium, meist aber musste er sich mit zweiten und dritten Plätzen begnügen. Die absoluten Stars waren andere. Und so erreichte Etzbach, trotz großen fahrerischen Talents, nie die Popularität eines Herzogenrath, Pätzold oder Soenius.

Wilhelm Etzbach galt als besonnener, aber mutiger Fahrer. Er wurde auch als „Testfahrer" für den gerade fertig gestellten Nürburgring eingesetzt.

Wilhelm Etzbach

Harry Herzogenrath

Harry Herzogenrath wurde am 19. Januar 1904 in der Domstadt Köln geboren und erwählte nach alter Sitte den Mechanikerberuf seines Vaters, der ihn zu sich in den Betrieb nahm. Wie Herzogenrath selbst sagte, hatte er schon als 10-jähriger Junge für alles Interesse, was durch Motorkraft betrieben wurde.

Sein erstes großes Bahn-Rennen bestritt Herzogenrath im Mai 1924 als 20-jähriger auf der Köln-Riehler 400 m Bahn mit einer Sun-Blackburne Maschine, ohne jedes Training, gegen auserlesene Fahrer wie Soenius u.a. Der Erfolg war einzigartig. Der Neuling kam, fuhr und siegte! Er eilte dem Felde auf und davon in einem Tempo, das der Rennleitung über den Horizont ging. Durch das höllische Tempo dieses Erstlings, der eine ganz neuartige Beherrschung der Kurven zeigte, sah die Rennleitung sich veranlasst, das Rennen abzuläuten!

So begann die große Karriere des späteren deutschen Meisterfahrers Herzogenrath. Oder wie man heute sagt: „A star was born..."

Es folgte eine fast ungebrochene Siegesserie auf Bahn und Straßen im In- und Ausland, wobei man in gewissen Kreisen über das „unerhörte Draufgängertum" dieses „unerfahrenen Neulings" nur den Kopf schüttelte. In kurzer Zeit wirbelte Herzogenrath die Rangliste gehörig durcheinander und reihte sich direkt ganz vorne ein. Scheinbar mühelos holte er sich Siege, fuhr schnellste Zeiten des Tages und stellte Streckenrekorde auf. Einen dieser damals viel beachteten Rekorde erzielte er in dem klassischen Straßenrennen um die „Goldene Windmühle von Dülken" 1923. Was sich provinziell und als unbedeutendes Rennen anhört, war es in Wirklichkeit nicht, denn alle großen Fahrer, wie Bauhofer, Stelzer oder Zündorf, nahmen an dem Rennen teil. Am Ende aber siegte nur einer: Harry Herzogenrath auf einer 500 ccm Norton. Schon nach der Zieleinfahrt wunderten sich Zuschauer, Presse und Rennfahrer über den tollkühnen Fahrstil. Was sie dann aber im Fahrerlager sehen sollten, das wollten selbst die Routiniertesten nicht glauben: Herzogenrath hatte einen Rahmenbruch! Trotz dieses Handicaps hatte er gewonnen und zwar mit einem Stundendurchschnitt von 101 km!

Nach weiteren Siegen, u.a. auf der Kölner Marke KMB, konnte er sich 1924 in Breslau auf Sun-Blackburne erstmalig die Deutsche Meisterschaft sichern. Mit dem gleichen Motorrad gewann er auch die Rheinland Meisterschaft. Weitere Meisterschaften folgten, u. a. später auf einer 350-er Imperia, mit der er sogar in der 500-er Klasse antrat und die Konkurrenz bezwang. 1925 wurde Herzogenrath wieder Deutscher Meister, dieses Mal in der 1000 ccm Klasse. In den folgenden Jahren war der Deutsche Meister auf Bahn und Straße gleichermaßen zu Hause und setzte seinen Siegeszug fast ohne Unterbrechung fort.

Im Gegensatz zu vielen Rennfahrern der damaligen Zeit, von denen die meisten nur bei lokalen Rennen starteten, bestritt Herzogenrath auch internationale Wettkämpfe. Frankreich, Italien, England - überall stand der Name Herzogenrath ganz oben in den Gazetten. Damals fuhr und gewann er u. a. auch gegen den Italiener Nuvolari, der dann vom Motorrad ins Auto wechselte und zu seiner Zeit als der beste Rennfahrer der Welt galt.

Dirt Track, das war 1930 die nächste Herausforderung für Herzogenrath. Dirt Track war ein „moderner" Sport, die Rennen zogen Massen an. Auf der Straße und Bahn hatte Herzogenrath alles gewonnen. Die Frage stellten viele: Wird Herzogenrath seine Siegesserie auch in der neuen Motorrad-Disziplin fortführen können? Zweifler verstummten schnell. Auf allen namhaften Bahnen im In- und Ausland stand Herzogenrath wieder oben auf dem Podium, gegen die besten Fahrer der Welt. Über 50 Siege konnte er verbuchen. Auch heute, oder gerade heute, verdient diese Bilanz wirklich Respekt.

Vielleicht war es die fehlende Herausforderung. Herzogenrath hatte auf jedem Untergrund alles gewonnen. 1931 nahm er Abschied vom Rennsport, jedenfalls vom aktiven. Doch lang dauerte die Abstinenz

des Kölners nicht. 1934 war er zurück. Seine Rennbilanz? 14 Siege – bei 14 Starts!

Kölner Motorrad-Asse

Man kann die Herzogenrath-Story nicht beenden, ohne auch sein zweites Talent erwähnt zu haben: Die Sangeskunst. Sein „Heldentenor" war vor allem in und um Köln sehr gefragt. Durch den Reichssender fand seine Stimme den Weg in viele deutsche Stuben. Leider ist kein Tonträger mit der Stimme von Herzogenrath erhalten geblieben, dies gilt auch für Radioaufnahmen. Was aber bleibt, sind die Erzählungen und die Erinnerungen von damaligen Zeitzeugen, die Herzogenrath als lustigen Kölschen Zeitgenossen beschrieben haben.

Das Leben von Harry Herzogenrath war wie eine Bühne, viele Menschen hat er mit seinem Können ins Staunen versetzt und manchen lebenslange Erinnerungen geschenkt. Seine Rennen, so schrieb die zeitgenössische Presse, waren genau so ein Genuss wie die Musik. Nicht nur für die Augen, sondern auch für die Ohren und vor allem „für et Hätz".

Erich Pätzold

Das gesamte Erwachsenenleben von Erich Pätzold, der über seinen Handwerksberuf zum Motorsport kam, war von seiner Begeisterung für Motoren geprägt. Darüber hinaus ist es, vor allem bis zum Beginn der 30-er Jahre, ausführlich dokumentiert, und zwar von ihm selbst. Sein „Selbstportrait" ist an sich schon eine Rarität; vergleichbares sucht man in den Nachlässen seiner Sportkollegen vergeblich.

„Geboren am 28.08.1898 zu Troisdorf (Kreis Sieg) besuchte ich zunächst die Volkschule, teils in Troisdorf und später in Köln, wohin meine Eltern verzogen. Entlassen aus der Schule kam ich in Köln in die Lehre als Autoschlosser. Nach meiner dreijährigen Lehrzeit kam ich als Pionier in den Krieg, errang das Eiserne Kreuz 2. Klasse. Nach dem Kriege wurde durch die englische Besatzung mein Augenmerk auf Motorräder gelenkt und ich war dann eine Zeit lang als Monteur in einer hiesigen Motorrad- und Autowerkstätte tätig. Später kaufte ich mir selbst eine englische Triumph (Armeemaschine), dann hatte ich eine NSU und später eine Wanderer.

Als nun im Jahre 1922 hier auch so langsam der Sport anfing, wollte ich mich auch daran betätigen, zu diesem Zwecke kaufte ich mir im Jahre 23 eine AJS-Maschine, hiermit bestritt ich mein erstes Rennen in der Nähe Kölns. Dieser erste Start war gleich ein Erfolg und so wurde ich durch den Sieg (1. Preis) zu weiteren Taten angespornt. In dem selben Jahr konnte ich schon meine erste Meisterschaft erringen. 1924 fuhr ich eine 500er Norton ohv. Durch diese Erfolge wurde ich dann von den Imperia Werken in Köln-Kalk als Leiter der Einfahr-Abteilung angestellt und zur Bestreitung der Rennen. Hier hatte ich in meiner dreijährigen Tätigkeit sehr schöne Erfolge, zumal ich mir alles so herrichten konnte, wie ich es gern mochte. Außerdem konnte ich dauernd Versuche und Verbesserungen an den Imperias vornehmen. Als die Firma Imperia Kalk in Konkurs geriet und nach Bad Godesberg verlegt wurde, war meine Tätigkeit zu Ende und ich fuhr eine kurze Zeit die englische Scott. Hierdurch hatte ich die Gelegenheit, das T.T. Rennen auf der Isle of Man zu besuchen und konnte einen Vertrag für die Firma Sunbeam in Deutschland, die Rennen zu fahren, hier erhalten.

Auf Sunbeam hatte ich auch schöne Erfolge, aber leider musste ich mich im Jahre 1930 von dieser Firma trennen, erstens weil Sunbeam sehr schlecht bezahlte und diese Firma auf einem sehr hohen Pferde sitzt, zweitens, da Sunbeam sich nicht mehr an Rennen beteiligen wollte.
Nun fahre ich seit 1930 für die Marke Sarolea. 1930 konnte ich auf Sarolea die Deutsche Bahnmeisterschaft der 1000 ccm Klasse erringen und werde auch 1931 ausschließlich Sarolea fahren, mit dem Unter-schied, dass ich nur noch an den großen Rennen starte. Ich habe 1931 von der Firma Sarolea die Repräsentation für Deutschland erhalten und muss mich somit mehr dem Verkauf dieser Marke widmen. Da ich nicht ewig Rennen fahren kann, muss ich mir auf kurz oder lang

eine Position verschaffen und hoffe noch recht lang mit Sarolea zu arbeiten und glaube dem Rennsport noch 1-2 Jahre zur Verfügung zu stehen.

Bemerken möchte ich nur noch, dass ich 1924-25-26 das Eifel Rennen, genannt deutsche Tourist Trophäe, gewann. 1925-26-29 den goldenen Kranz des Siebengebirges, 1929 konnte ich zwei goldene Nürburg-Ringe gewinnen und den großen Preis von Deutschland in der Klasse bis 1000 ccm. 1928 siegte ich auf der Avus-Bahn, 1926 fuhr ich auf der Opel-Bahn mit einer 350er Sunbeam mit Beiwagen die beste Zeit und Rekord. Beim Wildparkrennen in Karlsruhe siegte ich des öfteren, beim Marienberger Dreiecksrennen ebenfalls. Beim Eilenriede-Rennen, dem Auftakt jeder Saison, wurde ich immer Zweiter in den Jahren 1927-28-29-30.

Ich verbleibe mit deutschem Sportgruß, Erich Pätzold"
(aus: Motoren-Welt, 5. März 1931)

Nach der Machtübernahme durch die Nationalsozialisten waren alle Sportler gezwungen, sich der jeweiligen NSKK-Gruppe (Nationalsozialistisches Kraftfahrt Korps) anzuschließen. Für Erich Pätzold ging damit nach überaus erfolgreichen Jahren auf dem Motorrad ein Wechsel zum Automobil einher. Am 15. April 1934 gab Obergruppenführer Hühnlein bekannt, dass Pätzold neben allen größeren Motorradrennen nun auch an automobilsportlichen Veranstaltungen teilnehmen werde. Am 27. April 1939 berichtete der Kölner Stadt-Anzeiger, dass die Ford-Mannschaft der NSKK-Gruppe Niederrhein, mit E. Pätzold, A. Ostermann und M. Masiek, bei der Fränkischen Jura-Geländefahrt den Ehrenpreis des Führers des deutschen Kraftsports mit dem „Goldenen Ehrenschild" gewann.

Fünf Monate später brach der Zweite Weltkrieg aus. „Geländefahrten" erfolgten von da an meistens unter feindlichem Beschuss. Auch für Erich Pätzold, der seinen Militärdienst bis zum Ende des Krieges bei der 1. Motorstandarte 71, Köln ableistete.

Nach Kriegsende soll er eine Gaststätte in Köln besessen haben. Das letzte Lebenszeichen ist eine Eidesstattliche Erklärung vom 12. April 1947 an den Verkehrsminister des Landes Nordrhein-Westfalen. Darin versicherte Pätzold, der Eigentümer des Ford Eifel PKW (Erkennungszeichen IZ-103 351), vermutlich sein Dienstwagen, zu sein. Danach verliert sich seine Spur. Durch intensive Recherchen, Zufallsfunde auf Flohmärkten (z. B. die originale Pätzold-Meisterschaftsurkunde von 1930) und mit Hilfe des Leverkusener Heimatsammlers Knut Unterberg konnte etwas Licht in das Leben eines ehemals weit über die Grenzen bekannten Kölners dringen, der Mitte 1950 ohne Angehörige in der Weidener Arndtstraße verstarb.

Deutschlands schnellste Motorradfahrer.

Mittwoch, 24. Oktober 1928 — Der "Mittag" Nummer 251

Die drei neuen deutschen Meister der großen Klassen, von links nach rechts: Bauhofer (München), Klasse über 500 ccm, Soenius (Köln) bis 500 ccm und Pätzold (Köln) bis 350 ccm.

Mit den Rennen bei Königsbrück haben die Kämpfe um die deutsche Motorrad-Meisterschafte bekanntlich ihr Ende gefunden. Folgende Meisterschaftsläufe mußten in der Saison 1928 von den Fahrern bestritten werden: Eilenriederennen, Pokal der Stadt Hannover, Avusrennen, Marienberger Dreieckrennen, Schleizer Dreieckrennen, Buckower Dreieckrennen, Nürburgringrennen, Rundstreckenrennen Königsbrück. Die Wertung wurde so gehalten, daß der erste Sieger drei Punkte, der zweite Sieger zwei Punkte und der dritte Sieger einen Punkt erhielt. Die fünf besten Resultate eines jeden Fahrers wurden gewertet.

Schon nach dem siebenten Lauf standen einige Fahrer, wie zum Beispiel Bauhofer (München), als Sieger ihrer Klasse fest. Nunmehr gibt die Oberste Motorrad-Sportbehörde in Berlin eine amtliche Erklärung über die Sieger des Jahres 1928 heraus. Wir geben die Siegerliste, die wir bereits in unserer Montagsausgabe veröffentlicht, ihres amtlichen Charakters wegen noch einmal wieder. Deutsche Motorradmeister 1928 sind: Für Motorräder nicht über 175 ccm: Artur Geiß (Pforzheim) auf DKW. 15 Punkte, nicht über 250 ccm: Waldfried Winkler (Chemnitz) auf DKW. 12 Punkte, nicht über 350 ccm: Erich Pätzold (Köln) auf Sunbeam 11 Punkte, nicht über 500 ccm: Hans Soenius (Köln) auf BMW. 13 Punkte, nicht über 1000 ccm: Anton Bauhofer (München) auf BMW. 15 Punkte.

Hans Soenius, Köln
Deutschlands
populärster Motorrad-Rennfahrer.

Erich Pätzold, Köln
der Sieger vieler klassischer Rennen
auf Bahn und Landstraße.

22 Fahrer im Kampf um die Rheinland-Meisterschaft.

Am Start u. a.:

Hans Soenius, Rennfahrer seit 1924. Deutscher Bahnmeister seit 1925 auf Bahn und Landstraße, Sieger vieler klassischer Rennen: Solitude, Schleiz, Nürburg-Ring, gewann auf der Elberfelder Bahn fast alle Rennen in größter Konkurrenz. Bisher 298 Siege, will am Sonntag die „300" voll machen. Letzte Trainingsleistung am Freitag in Elberfeld: 12,1 für die Runde, Stundenmittel 148 Kilometer.

Erich Pätzold, Rennfahrer seit 1922. Größte Erfolge auf Bahn und Landstraße, Sieger des großen Preises von Deutschland auf dem Nürburg-Ring 1929, dreimaliger Gewinner des goldenen Kranzes vom Siebengebirge, Deutscher Meister 1924, 1925 und 1928.

Karl Frenzen, seit neun Jahren aktiv im Rennsport, wurde im vorigen Jahre vom A. D. A. C. für seine Verdienste um den Motorradrennsport mit der goldenen Medaille ausgezeichnet. Rheinlandmeister, niederrheinischer und sächsischer Meister. In allen klassischen Rennen auf Bahn und Landstraße stets auf den vordersten Plätzen. Letzte Trainingsleistung 12,2 für die Runde.

Herkuleyns - Holland, einer der interessantesten Motorradrennfahrer von internationalem Ruf. Seit nahezu 20 Jahren aktiv im Rennsport, startete in allen europäischen Ländern mit größten Erfolgen. Sieger in den schwersten Rennen in Italien, Frankreich, Deutschland. Sein Rekord umfaßt rund 400 Siege.

Hans Soenius

Mit 23 Jahren begann er 1924 eine beispiellose Karriere, zwölf Jahre später wurde diese abrupt durch einen Unfall beendet: Hans Soenius aus Godorf, heute ein südlicher Stadtteil Kölns, fuhr in den 20-er und 30-er Jahren des vorherigen Jahrhunderts waghalsige Motorradrennen. Acht deutsche Meisterschaftstitel auf Bahn und Straße sowie 196 Einzelsiege zierten am Ende seine Erfolgsliste neben vielen Rekorden.

Am 30. März 1924 startete Soenius, geboren am 19. Mai 1901 in Godorf, mit einer OEC-Blackburne beim Kölner „Westdeutschen Straßenkilometerrennen" wie ein Phönix aus der Asche. Der „lange Hans" – so einer seiner Spitznamen, die auf seine Körpergröße abzielten, fuhr einen draufgängerischen Stil, den er in den nächsten Jahren nicht mehr ablegte. In seinem ersten Jahr als Rennfahrer siegte er mit einer Norton-Rennmaschine auf den Bahnen in Berlin, Breslau und Köln. 1925 probierte er eine Harley-Davidson aus, wechselte aber schließlich zu Imperia, auf der er auch am 20. September 1925 in Elberfeld deutscher Bahnmeister aller Klassen wurde. 1926 wählte Soenius Indian, im darauffolgenden Jahr wieder Imperia und erstmals am 22. Mai 1927 auf der Solitude die neue BMW R 37, die er für das Münchener Unternehmen testete. Bis 1930 blieb Soenius BMW-Fahrer, bevorzugte aber auf der Bahn Imperia. 1927 war er auf zwei Auslandsrennen vertreten, die ihm aber kein Glück brachten. Die Targia Florio verpatzte er auf einer Viktoria durch einen Sturz, in Paris konnte er nur mit einer kleineren Maschine in der 1000-er Klasse starten, so dass er Vierter wurde. Dagegen fuhr Soenius in Deutschland auf Bahnen und Straßenstrecken stetig Siege ein.

Bei den Bahnrennen startete er häufig in allen Klassen, während sich die anderen Fahrer nach jedem Lauf ausruhten. Soenius siegte z. B. am 3. Mai 1931 auf der Bahn in Heide in der 250-er, 500-er und 1000-er Klasse (Imperia). Beim Meisterschaftsrennen im September 1925 fuhr er als einziger Fahrer sieben der acht Rennen des Tages mit – anscheinend jegliche körperliche Anstrengung negierend. Manchmal saß er an einem Renntag bis zu sechs Stunden im Sattel und kam oft als erster oder zweiter Fahrer ins Ziel. Dabei wurde er als „Held" oder „Matador des Tages" bezeichnet. Häufig konnte er Bahnrekorde brechen und Bestzeiten fahren. Auch die Straßenstrecken beherrschte er. Zu einem seiner größten Erfolge gehörte im September 1929 der Sieg des Meisterschaftslaufes in der beliebten 500-er Klasse auf BMW in Schleiz. Soenius fuhr alle Klassen, besonders aber die schweren Motorräder. Er war ein Naturtalent, der zwar wenig technisches Know-how mitbrachte, dafür aber jede Maschine auf der Bahn oder der Straße beherrschte. Sein Stil wurde in den zeitgenössischen Zeitungen und Magazinen als „unerschrocken" oder „furchtlos" beschrieben. Besonders seine Kurventechnik war berühmt. Auf allen

Bahnen des Rheinlandes war er ein viel umjubelter Fahrer. Ob in Köln, in Elberfeld oder Hamborn – Soenius war stets mit am Start. Auch in anderen Gegenden Deutschlands (Heide, Opelbahn etc.) sowie auf den Straßenstrecken gehörten die Sympathien der Motorradbegeisterten ihm – am Schleizer Dreieck, auf der Solitude, Rund um den Schotten, auf dem Hockenheimring, in Hohenstein-Ernstthal (später Sachsenring), in Grillenburg (ehemaliger Sachsenring), in Marienberg und besonders natürlich auf „der" rheinischen Strecke, dem Nürburgring. Daneben bestritt er internationale Länderfahrten und Sechstagefahrten.

Der lange hagere Rheinländer galt als Frauenschwarm, der in seiner Freizeit schnelle Autos, Flugzeuge, Skisport und die Jagd liebte. 1935 heiratete er das Mannequin Gerda Wirtz aus Berlin, die Ehe blieb kinderlos. Seine hohe Popularität brachten ihm bald Werbeverträge der Zuliefererindustrie ein – als einer der ersten Rennfahrer überhaupt posierte er für Rennkleidung, Motorradsättel etc. Für die Jugendlichen war er in den 30-er Jahren ein Idol. Auch im Rundfunk berichtete er über seine Erlebnisse.

Nachdem BMW in der Saison 1931 seinen Stall neu ordnete, fuhr Soenius Imperia und Motosacoche, dann 1932 wieder BMW und 1933 Norton. Von 1934 an war er Werksfahrer bei NSU. Nach anfänglichem Tief siegte er für die Neckarsulmer. Legendär war sein Sieg in der 1000-er Klasse am 3. Juni 1934 auf dem Nürburgring, auf dem er das Rennen trotz starken Regens bis zum Schluss beherrschte. Im Juli 1936 verunglückte Soenius bei einer Trainingsfahrt auf dem Schottenring so schwer, dass er seine Karriere beenden musste. Zwar hatte er bis dahin schon diverse Krankenhausaufenthalte hinter sich, aber die bei diesem Rennen erlittenen Verletzungen waren ohne Vergleich. Fast kein Knochen blieb heil. Nach mehrmonatiger Rekonvaleszenz wurde er bei seinem Vater, der Hotelier und Gastwirt in Godorf war, Teilhaber. Im „Margarethenhof", den er nach dem Krieg mit seiner Frau Gerda allein fortführte, verkehrten viele Rennidole wie Rudolf Caracciola und Hans Stuck. In den fünfziger Jahren half er jungen Rennfahrern um Hans Schäfer bei der Gründung der Rennsportgemeinschaft Köln. Am 10. April 1965 starb Hans Soenius in seinem Heimatort, der zehn Jahre später nach Köln eingemeindet wurde. *Autor: Dr. Ullrich Soenius*

Kölner Motorrad-Asse

Ernst Zündorf

Von einem weiteren damals sehr erfolgreichem Kölner Motorsportler, dem DKW-Werksfahrer Ernst Zündorf, ist als einziges Dokument eine Autogrammkarte erhalten geblieben. Neben Zündorf auf seiner wassergekühlten 500-er DKW ist darauf auch seine Gaststätte „Zur Nürburg", in der Kölner Südstadt gelegen, zu erkennen. Sein motorsportlicher Nachlass fiel wahrscheinlich einer der vielen Bombennächte zum Opfer. Zündorf „spielte" zweifelsfrei in der Oberliga, er hatte etliche wichtige Siege im In- und Ausland zu verzeichnen. Erhalten gebliebene Zeitungsausschnitte berichten immer wieder von packenden Zweikämpfen zwischen Zündorf, Pätzold, Bauhofer oder sonstigen großen Fahrern der 20-er und 30-er Jahre.

Dass Zündorf weit über die Grenzen hinaus bekannt war, beweist folgende kleine Geschichte, die sich 1982 in der damaligen DDR abspielte: Die MZ-Werke, ehemals DKW, feierten das 60jährige Jubiläum des Motorradbaus in Zschopau. Am Marienberger Dreieckskurs, einer ehemals berühmten Rennstrecke, hatte man zu den Feierlichkeiten eine Oldtimer Rallye organisiert. Mit dabei: Frieder Bach vom jetzt Sächsischen Fahrzeugmuseum im Wasserschloss Klaffenbach. Frieder Bach, natürlich auf einer historischen DKW, wollte seine Runden auf dem Dreieckskurs ziehen, als er von einem steinalten, eine Mistgabel schwingenden Bauern zum Anhalten genötigt wurde. Auf seine etwas ängstliche Frage, was denn der Grund zum Anhalten wäre, schrie der wohl seit jungen Jahren rennbegeisterte Bauer: „Hast du vom Zündorf seine Maschine gefunden?"

Erinnerungen und Anekdoten des Rennfahrers Hans Schäfer

Am Anfang war das Ei

„Als Junge kam ich während eines Ausfluges mit meinen Eltern einmal zum Essen in eine Godorfer Gasstätte. Der Wirt stellte plötzlich fest, dass ihm zu der Bereitung von Speisen die Eier fehlten. Er beauftragte seinen Sohn, diese mit dem Motorrad bei einem Bauern zu holen. Ich fragte den jungen Mann, ob ich mitfahren dürfte, denn die Eier mussten doch festgehalten werden. Er stimmte zu, und es wurde eine rauschende Fahrt mit Kurvenlagen, die mich sofort in ihren Bann zog. Bei der viel zu schnellen Rückankunft wurde mir gesagt, dass dieser junge Mann der berühmte Rennfahrer Hans Soenius war. Fortan war es mein Wunsch auch einmal das Motorradfahren zu beherrschen - einmal auch ein berühmter Rennfahrer, wie Soenius, Meier oder Mansfeld, zu werden.

Mein Weg zum Rennsport

1937 kam ich in die Lehre als Autoschlosser. Der ständige Umgang mit Motoren und Kraftfahrzeugen ließ den Wunsch nach einem eigenen Motorrad wachsen. Doch ich war nicht der Sohn reicher Eltern, und nur durch Sparsamkeit und Nebentätigkeiten reichte es eines Tages zu einer gebrauchten 200 ccm Phönix-Zweitaktmaschine. Das leider schon sehr gebrauchte Motorrädchen konnte natürlich den Wunsch nach Geschwindigkeit nicht erfüllen. Ein vermögender „Nennonkel" jedoch besaß 1938 eine tadellose 250-er NSU OSL, die er nicht beherrschte. Nach einem Sturz bot er mir das beschädigte Krad zum Kauf an. Durch Ratenzahlung kam ich also in den Besitz eines für damalige Verhältnisse schnellen und sportlichen Motorrades. Nach Beseitigung der Unfallschäden bestand meine Freizeit nur noch aus putzen, basteln und fahren. Besuche beim 8-fachen Deutschen Meister Soenius sowie Hein Thorn-Prikker hatten zur Folge, die Rennfahrerkarriere anzupeilen.

Aachener Waldrennen, 1948 (Vater Schäfer links)

Die NSU sollte frisiert werden. 1939 konnte ich zusammen mit einem Freund zum ersten Mal mit dem Motorrad in Urlaub fahren. Es sollte nach Bayern und zum Großglockner gehen. Zufällig fand am Großglockner eine Bergrenn-Veranstaltung statt. Als Außenseiter und Gast konnte ich gegen Zahlung des Startgeldes am Rennen Teil nehmen. Entgegen meinen Erwartungen schaffte ich es, mit meiner NSU die Goldmedaille zu gewinnen. Stolz war ich, denn meine technischen Veränderungen am Motorrad hatten zu diesem Erfolg beigetragen.

Hans im Schäfer Schlaf

Dieser Erfolg sowie die große Freude, einmal im Leben einen Motorradurlaub zu machen und diese wunderschöne Bergwelt sehen zu dürfen, all das wurde über Nacht durch den Kriegsausbruch erschüttert.

Wir wurden sofort mit dem Ernst des Lebens konfrontiert. Wir waren in Österreich und es gab keinen Kraftstoff mehr, um die Rückfahrt nach Köln anzutreten. Nachdem mein Tank leer war, kauften wir uns Benzin in den Apotheken. Urlaub und Privatleben waren schnell zu Ende, man wurde Soldat und konnte sein eigenes Motorrad gegen das „Krad" tauschen. Während dieser grausamen Zeiten musste ich mein Können als Kradmelder unter furchtbaren Bedingungen in Norwegen, Frankreich und Russland unter Beweis stellen. Bei Kriegsende, vom Glück behaftet und vom Lieben Gott beschützt, war es mir möglich, innerhalb von drei Wochen strapaziöser Fußmärsche von der Front in das heimatliche Rheinland zu kommen.

Ich fand meine Eltern im Aggertal, wo sie in einer kleinen Holzbaracke (Behelfsheim) wohnten. Sie hatten meine NSU auf einem Bauernhof für mich versteckt. Ich schätze mich sehr glücklich, mein Motorrad wiedergefunden zu haben. Durch den Krieg lag Köln in Schutt und Asche. Unsere Wohnung und unsere Kraftfahrzeugstätte war total zerstört. Aber das Motorrad war gerettet.

Leider gab es ein totales ziviles Fahrverbot durch unsere Besatzungsmächte. Ganz abgesehen davon war Kraftstoff, wenn überhaupt, nur gegen Bezugsscheine erhältlich. Trotz aller Probleme gelang es vom Motorsport begeisterten Idealisten, den Rennsport wieder aufblühen zu lassen. An Publikum mangelte es nie. Es galt nur das Wort: „Alte Hasen, junge Füchse mit neuer Kraft; Herz, Routine vorwärts zu neuen Taten." Jeder Motorradsportler, der noch ein Motorrad hatte, stand schon bald mit einer Eigenbau-Rennmaschine am Start. Bei der ersten Veranstaltung 1947 auf dem Nürburgring wollte man viele Zuschauer bekommen. Zu jeder Eintrittskarte wurde deshalb kostenlos ein Glas Wein und eine Bockwurst angeboten. Ich hatte mir sofort die Aufgabe gestellt, meine NSU rennfertig zu bauen. In wochenlangen, nächtlichen Arbeiten wurde am Motorrad alles denkbar Mögliche verändert und die Maschine renntauglich gemacht. Ob Motor, Fahrgestell oder Gewicht - alles wurde rennfähig umgebastelt und verändert, um an dem ersten Nachkriegsrennen teilzunehmen. All diese Menschen, die den Idealismus und Begeisterung mit großem Kostenaufwand erbracht haben, darf man als die Pioniere des technischen Fortschritts nach dem Krieg bezeichnen. Sie haben durch ihre Leistung und ihr Können nicht nur dem Rennsport gedient. Zu meiner Person: Ich schaffte es, bei fast allen Motorradrennen mit meiner Eigenbau-NSU sehr erfolgreich zu sein.

Kölner Kurs, 1948

Eifel-Pokal-Rennen auf dem Nürburgring

Am 17. August 1947 gelang es dem Motorsportverband Rheinland-Pfalz, das erste Eifel-Pokal-Rennen auf dem Nürburgring nach dem Krieg zu veranstalten. Da der Nürburgring in der französischen Besatzungszone lag und die Franzosen oft PKW und Motorräder beschlagnahmten, war es nicht leicht, Publikum und Fahrer zu werben. Das Publikum wurde, wie bereits erwähnt, mit fairem Eintrittspreis und einem zusätzlichen Glas Wein mit Bockwurst umworben. Alle deutschen Motorradrennfahrer, ob Lizenz- oder Ausweisfahrer, erschienen zahlreich auf dem Nürburgring, um wieder am nationalen Rennsport teilzunehmen.

Übernachtungen in Hotels waren aus finanziellen Gründen nicht möglich, sondern es wurde in Zelten und in den Boxen im Fahrerlager übernachtet. Die Verpflegung war nach „Pfadfinderart". In meiner Startgenehmigung stand: „...wegen der zur Zeit bestehenden schwierigen Ernährungslage müssen die Fahrer für Brot selbst Sorge tragen." Ersatzteile oder Kraftstoff wurden in einer einmaligen, sportlichen Kameradschaft ausgetauscht. Meine Helfer und ich erreichten den Nürburgring mit einem Dreirad-Tempo-Lieferwagen und übernachteten in einer Box im Fahrerlager. Beim Training auf der Rennstrecke lernte ich den berühmten BMW-Rennfahrer „Schorsch" Meier kennen. Schorsch Meier pflegte jede Rennstrecke zu Fuß kennen zu lernen. Ich als junger Neuling erhielt von ihm Ratschläge und folgenden Hinweis: „Das Rennen auf dem Nürburgring ist halb gewonnen, wenn man die Rennstrecke und jede Kurve wie im Schlaf kennt." Diesen Rat nahm ich mir zu Herzen und habe in der Nacht nicht geschlafen, sondern jede Kurve der Strecke verinnerlicht. Beim Start in der 250-er Ausweis-Klasse führte der Fahrer Peter von Löwis, und ich lag an fünfter Stelle. Auf Grund meiner „Traum-Streckenkenntnis" gelang es mir, die Führung zu übernehmen. Eine auf der Fahrbahn in der Kurve liegende Weinflasche wurde mein Verhängnis: Durch wahnsinniges Zurückschalten fiel ich mit

Zugabe _ 145

Zugabe

Kettenbruch aus. Sieger wurde Peter von Löwis, der leider später im Rennen „Rund um Schotten" tödlich verunglückte.

Wenn ich heute meine errungenen Pokale und sonstige erhaltene Preise in Augenschein nehme, werden Erinnerungen wach. Insbesondere an die Werte der damaligen Preise, welche man bei Siegen und bis zum fünften Platz verliehen bekam. Man stellt sich heute die Frage, ob ein „Toni Mang" oder Michael bzw. Ralf Schumacher für diese Werte an den Start gehen würden. Der erste Preis auf dem Nürburgring bestand 1947 beispielsweise aus 200 RM und einem Pokal. Hier eine kleine Auflistung: „Aachener Waldrennen": 100 RM, ein Anzugsstoff und ein Pokal; „Quer durch Neuwied" 2. Preis: Tischuhr und Pokal; „Bad Kreuznach": Küchenschrank und Pokal, „Ried-Ring Rennen": Doppelsack Mehl; „Großer Preis von Saarbrücken": 500 französische Francs, Kreppschuhe und Urkunde; „Kölner Kurs" 2. Preis: Ein Paar Buchstützen und Urkunde, eine Ziel-Durchlaufprämie pro Teilnehmer von 30 Reichsmark.

Großer Preis der Stadt Saarbrücken, September 1949
Saarbrücken war zu diesem Zeitpunkt noch französisch, und die Teilnahme an der Rennveranstaltung war mit strengen Auflagen verbunden. Unter Begleitung des damaligen ADAC-Präsidenten Hans Bretz ging es auf nach Saarbrücken. Der Schäfer-LKW, beladen mit zwölf Rennmaschinen und deren Fahrern, kutschierte über Trier ins Saarland zum Rennen. An der französischen Besatzungsgrenze wurde uns die Einreise verwehrt. Wir mussten uns erst in Trier Sondererlaubnisse und Ausweise besorgen. Wieder an der Grenze angekommen, wurde uns aber wiederum die Einreise versagt. Aus Verärgerung gab ich als Vorsitzender die Anweisung, alle Rennmaschinen zu entladen. In dem Niemandsland zwischen Grenze und Trier veranstalteten wir einen privaten Renntest. Umliegende Anwohner bildeten schnell eine vielköpfige Zuschauerschar. Am Nachmittag erfolgte an der Grenze dann ein Wechsel der Zöllner. Nun hatte ein motorsportbegeisterter Zöllner Einsicht und verwies uns auf einen Weg hinter dem Zollhaus. Somit erreichen wir spät, fast zu Trainingsende, die Rennstrecke in Saarbrücken. Die Rennleitung gewährte uns nur ein ganz kurzes Training. Um die Rennstrecke kennen zu lernen, mussten wir uns des LKW bedienen, um einige Runden zu fahren. Die Handlungsweise wurde bewusst vom A.C.S. veranlasst, um uns am Erfolg zu hindern, dies jedoch vergeblich. In der 125-er Klasse siegten Kramer und Mindt, in der 500-er Klasse gewann Prünter, und ich selbst konnte in der 250-er Klasse ganz oben auf das Podium steigen. Ich siegte mit Rahmenbruch."

Hans Schäfer in der Ukraine

Club gegründet von Hans Schäfer

Der MSC Porz – lebendige Motorsport-Tradition in Köln

1954, die größte Nachkriegsnot war überwunden, der Wiederaufbau der jungen Bundesrepublik Deutschland in vollem Gange, die so genannte Wirtschaftswunderzeit begann. DKW, NSU, BMW, Horex, Adler waren die bekanntesten Motorradmarken, von denen damals junge Burschen träumten. Jeder Pfennig wurde zusammengekratzt für eine Anzahlung, der Rest auf Raten abgestottert. Endlich war es soweit, die große Freiheit auf zwei Rädern!

So fanden sich eine Reihe Porzer Motorradfreunde, und im November 1954 gründeten sie den Motorsportclub Porz. Hubert Simons hieß der 1. Vorsitzende, selbst aktiver Fahrer wie seine Freunde im Vorstand. Das ist übrigens bis heute so geblieben. Walter Kronenberg folgte Hubert Simons für über 20 Jahre als Vorsitzender, und ebenso lange ist es bis heute Hans Cramer. Alles erfolgreiche Motorradsportler, die den MSC Porz leiteten.

Schon kurz nach der Gründung gab es die ersten Sporterfolge, und besonders Erwin Haselbauer, Max Zimmermann, Eugen Laubmeier wurden zu bekannten und sehr erfolgreichen Fahrern. Wo sie zusammen mit ihren Clubkameraden auftauchten, wurde in der Regel alles gewonnen. Orientierungsfahrten, Trials, Geländefahrten und was es sonst noch so gab an Motorradsport, die Porzer Fahrer wurden über die Grenzen des Rheinlands hinaus bekannt. Sie starteten überall in Deutschland und traten bei vielen Deutschen Meisterschaften an. Eberhard Weber war der erste Porzer, der mit seiner 350-er Norton den Juniorenpokal gewann und auf allen deutschen Rennstrecken große Leistungen zeigte.

1962 brachte einen ganz besonderen Höhepunkt: Max Zimmermann wurde Deutscher Meister im Geländesport. In der härtesten Motorradsportart bewies er auf seiner Zündapp, dass die Porzer Fahrer aus besonders hartem Holz sind. In der Deutschen Trialmeisterschaft begann 1963 die Erfolgsserie von Hans Cramer, der mit seiner Maico nicht weniger als sechs Vize-Meisterschaften holte. Bei den internationalen 6-Tage-Fahrten, der Olympiade des Motorrad-Geländesports, waren die Porzer Fahrer über Jahrzehnte stets erfolgreich. Eugen Laubmeier war 1961 der Erste, nach und mit ihm machten Helmut Clasen, Max Zimmermann, Erwin Haselbauer, Hans Cramer, Manfred Weiß, Frank Siedler, Reiner Herbertz, Eberhard Weber, Arnulf Allexi, Reemt Janssen, Fritz Eblinghaus und Dirk Thelen den Porzer Club über Jahrzehnte in Europa und den USA bekannt.

Hans Cramer 1965, auf seiner Maico. Mit sechs Vizemeisterschaften im Trial- und Geländesport einer der erfolgreichsten Fahrer des MSC Porz.

Der frischgebackene Deutsche Meister, 1962, Max Zimmermann auf seiner Zündapp bei der internationalen 6-Tage-Fahrt in Garmisch-Partenkirchen. Es ging kilometerweit durch das breite Isarbett.

1975 wurde abermals zu einem besonderen Jahr des Erfolges: Eberhard Weber errang mit der Deutschen Nationalmannschaft auf seiner Zündapp den Titel des Mannschaftsweltmeisters. Als Krönung der Ehrungen erhielt er aus der Hand des damaligen Bundespräsidenten Walter Scheel das Silberne Lorbeerblatt. Im Jahr darauf gelang es Eberhard Weber, für einen weiteren Höhepunkt zu sorgen. Er wurde Europameister!

Wenn es auch im Geländesport immer schwieriger wurde, geeignete Strecken genehmigt zu bekommen, der Porzer Club schaffte es, in seinem Übungsgelände der Wahner Heide, 1968 zum ersten Mal eine Großveranstaltung, die „Rheinische Geländefahrt", durchzuführen. Es wurde ein glänzender Erfolg, die besten deutschen Fahrer kämpften auf einem 20 km langen Rundkurs, der zehn Mal zu bewältigen war. Sieben Geländefahrten fanden statt, dazu noch Läufe zur Deutschen Trialmeisterschaft, dann gab es aus Gründen des Umweltschutzes keine Genehmigung für Motorradsport in der Wahner Heide mehr.

1973 wurde die Porzer Trialjugend gegründet. Seit dieser Zeit pflegt der Porzer Club die Nachwuchsarbeit. Bis zum heutigen Tag hat diese Jugendgruppe mit durchschnittlich 15 aktiven Trialfahrern zwischen 8 und 18 Jahren tolle Erfolge. Bei den Deutschen Trialmeisterschaften sind die Jungs und Mädchen des Clubs immer erfolgreich. Das alles trotz der Probleme, für sie geeignetes Übungsgelände zu finden.

In den Kölner Sporthallen ging zwischen 1984 und 1994 die Post ab. Jedes Jahr an Buß- und Bettag hieß es: Internationales Hallen-Cross-Köln. Alle deutschen Moto-Cross-Stars lieferten sich rasante Kämpfe mit den internationalen Spitzenfahrern und begeisterten die Zuschauer. Ein Riesen-Arbeitspensum zum Auf- und Abbau der Rennstrecke schafften die Porzer mit dem MSC Wahlscheid und dem ACBL Rösrath. Nach elf Hallen-Cross-Veranstaltungen war Schluss, die Kölner Stadthalle wurde abgerissen.

Im Laufe der letzten 20 Jahre wurden die Aktivitäten zunehmend auf die Rennstrecken verlagert. Walter Sommer wurde auf seiner Honda und Yamaha mehrfacher Deutscher Meister und zum Aushängeschild des MSC im europäischen Rennsport. Im Serienrennsport stellten die Porzer Fahrer in den 90-er Jahren nicht weniger als zehn Mal den Deutschen Meister, allen voran Heinz Reiner Düssel, der bis zum heutigen Tag zu den Top-Fahrern der Deutschen Meisterschaft gehört. Von den heute über 60 aktiven Motorrad-Lizenzfahrern sind über 30 auf den europäischen Rennstrecken zu Hause. Sie sind regelmäßig unter den Siegern und Titelgewinnern. Um ihnen beste Voraussetzungen zu ermöglichen, mietet der MSC Porz seit 18 Jahren tageweise den Nürburgring an, damit unter echten Bedingungen trainiert und getestet werden kann. Diese Trainingstage haben mittlerweile Kultstatus, viele Fahrer aus ganz Deutschland nutzen diese einmaligen Motorradsporttage.

Aber auch in den traditionellen Sportarten ist immer viel los. Dirk Thelken, aus der Jugend des MSC Porz hervorgegangen, wurde zu einem wahren Champion im Endurosport. Von 1998 bis 2001 holte er nicht weniger als vier Mal den Titel des Deutschen Meisters und geht damit in die Annalen des deutschen Endurosports ein. Auch die Damen stehen kaum zurück: Marion Langenbach holte sich nach vielen Erfolgen die Vize-Europameisterschaft, 2001 in der Damenklasse.

Seine Verbundenheit mit der langen Tradition des Motorsports in Köln beweist der MSC Porz mit einer weiteren Veranstaltung, die jedes Jahr an die 400 Fahrer an den Nürburgring und in ihren Bann zieht: Der Internationale Kölner Kurs. Nachdem sich in den 90-er Jahren immer mehr Fahrer von historischen Maschinen als Mitglied im Club wohlfühlten, wagten die Freunde um den Clubvorsitzenden Hans Cramer den Schritt zur Großveranstaltung: Im Gedenken an den 1948 und 1949 ausgetragenen Kölner Kurs auf der Autobahnstrecke vor den Toren Kölns, wurde der Traditionsname 1991 neu belebt. Mit tollem Erfolg. Unglaublich, was da an alten Rennmaschinen auftaucht und beherzt bewegt wird: Sound und Duft der alten Zeiten begeistern Jahr für Jahr viele Fans. Und jedes Mal sind etliche Porzer Clubmitglieder vorne mit dabei, wenn hier um Punkte für die Deutsche Meisterschaft gekämpft wird.

Sommer 2002: früh übt sich...!
Der 11-jährige Thomas Schley aus der Jugendgruppe des MSC Porz in vorbildlichem Trial-Stil. ... die Zukunft ist sicher!

Heinz Reiner Düssel, mehrfacher Deutscher Meister, ist der erfolgreichste Motorradsportler des MSC Porz.
Hier im Jahre 1983 auf dem Nürburgring

Flotte Rheinländer

Kleines Kölner historisches Zweirad Lexikon 1890 -1945

Agul Motorradbau:
Arwed Gulentz fertigte unter dem Namen „Agul" in der Weyerstraße zwischen 1923-1926 Kleinmotorräder mit diversen Einbaumotoren bis 200 ccm. Einer von vielen kleinen Kölner Konfektionären.

Allright:
1890 gegründet von Georg Sorge. Größte und älteste Kölner Fahrrad- und Motorradfabrik. 1901 in die KLM (siehe auch KLM) umgewandelt. Teilweise in Werbungen auch in „Allreit"-Schreibweise. Im Ausland auch als Vindec und VS bekannt. Der Name Allright wurde bis in die 60-er Jahre als Marke von Conrad Brüsselbach verwendet.

Apex:
Motorradhersteller (1923-1927) im Deichmannhaus, baute ausgezeichnete Fahrwerke, setzte vorwiegend englische Blackburn-Motoren ein. Neben leichten 250/350 ccm Sportmaschinen war eine schwere 550 ccm Tourenmaschine im Verkaufsprogramm, jeweils mit dem damals üblichen Dreiganggetriebe. Der Düsseldorfer Rennfahrer Schlick, die beiden Kölner Etzbach und Wronker siegten auf Apex bei vielen Bahn- und Straßenrennen.

AWD:
August Wurring baute in Ratingen-Breitscheid seit 1921 Motorräder. In den 20-er und 30-er Jahren fuhr A. Wurring selbst Rennen und war befreundet mit zahlreichen Kölner Motorsportlern, u. a. Adolf Esch. In den 40-er und 50-er Jahren errangen AWD-Motorräder bei den heute verbotenen Steilwandrennen zahlreiche Siege. Die Firma existiert bis heute und wird von Wurrings Enkel Thomas v. d. Bey weitergeführt.

Bernartz, Prof. Hans-Willy:
Kölner Motorrad-Privatrennfahrer der 30-er Jahre. 1961 übernahm Prof. Bernartz den Syndikus der Scuderia Colonia als Nachfolger des am 10. 9. 1961 in Monza verunglückten Grafen Berghe von Trips.

Brandt:
Motorfahrradfabrik Friedrich Brandt (1902-1909) in Köln-Deutz mit der Marke „Bergfex", deren Vertrieb sich in Berlin befand. Eine der ältesten Motorradfirmen Kölns.

Brüsselbach, Conrad:
Ehemaliger Direktor von KLM. 1932 übernahm Brüsselbach KLM von Adolf Hanau. Brüsselbach produzierte bis in die 60-er Jahre Motorräder und Fahrräder.

Cito (lat. schnell):
1896 gegründet. Cito aus Klettenberg ist neben Allright das zweite Kölner Zweirad Pionierunternehmen. Cito baute Fahrräder, Motorräder und Autos. Die Firma wurde 1923 in die Köln Lindenthaler Metallwerke eingegliedert.

Clouth Gummiwerke:
Einflussreicher Kölner Reifenhersteller. Initiierte die Gründung des „Ersten Bicycle Club Cöln", 1880. Heute Teil des Continental-Konzerns.

Colonia:
Die Colonia Fahrrad- und Maschinengesellschaft in Köln (Perlengraben 80-84) baute Motorräder von 1913 bis 1924. Vor dem Weltkrieg waren drei Typen solider Bauart mit großvolumigen Motoren im Verkaufsprogramm. In der Nachkriegszeit beschränkte man sich bis Produktionsende 1924 auf den Bau von Leichtmotorrädern mit 150 ccm Hubraum.

Dauben, Josef:
Berühmter Konstrukteur u. a. für Röhr, Adler und Mercedes. Arbeitete in Köln für Priamus und KMB. Entwickelte 1921 in Köln den Delta-Motor, der jedoch in

D - K

Düsseldorf von der Maschinenfabrik Büthe für eine Solinger Firma hergestellt wurde.

Deutschlandfahrt 1924:
Start und Ziel in Köln. Diese Deutschlandfahrt war bis dato die vielleicht größte Herausforderung an Mensch und Maschine in der deutschen Motorsportgeschichte. 125 gemeldete Teilnehmer, eine 17-Tagesfahrt quer durch das winterliche Deutschland, insgesamt 3108 Kilometer. Die Idee zu der Veranstaltung stammte von Paul Jockel aus Hülsen, unterstützt von dem „Club für den Motorsport Köln" (CMK) und der 1904 gegründeten „Cölner-Motorfahrer-Vereinigung" (C.M.V.).

DFB:
Rheinisch-Bergische Motoren-& Motorradfabrik. Martin Heck baute zu Beginn bis Mitte der 20-er Jahre in Bergisch-Gladbach einen wechselgesteuerten 159 ccm Hilfsmotor für Fahrräder.

Drais, Freiherr von:
Die Erfindung der lenkbaren Laufmaschine des badischen Forstmeisters Karl Drais Freiherr von Sauerbronn (1785-1851) gilt als Meilenstein auf dem Weg zum heutigen Fahrrad.

RC Durch 1901 Köln-Weidenpesch:
Kölner Radsportclub, am 21. Januar 1901 als Radsportclub „DURCH 1901" von Carl Schneider, Peter Mies, Theodor Schenkel und Mathias Hackhausen gegründet. 1909 Aufnahme von Rennsport in das Vereinsprogramm. 1937 errang Heinrich Schneider für den „RC Durch" den Deutschen Bergmeister-Titel. Homepage: www.rc-durch.de

Engel, Matthias:
Kölner Radrennfahrer. Wurde 1927 Weltmeister (Flieger) und war der gefeierte Star der Stadt Köln. 1932 Deutscher Meister (Sprint) und 1932 WM-Bronze (Sprint).

Esch Record und Adolf Esch:
Die Motorradmarke Esch-Record wurde nach ihrem Gründer und Besitzer Adolf Esch benannt. Adolf Esch, geboren 1897, war selbst aktiver Rennfahrer seit den 20-er Jahren. 1925 errang Esch die deutsche Vizemeisterschaft in der 350 ccm Klasse auf einer Chatér-Lea. Esch-Record war niemals eine große Massenfabrik, sondern eine kleine Manufaktur von edlen Sportmotorrädern, überwiegend mit ohv-Sportmotoren. 1941 starb Adolf Esch im Alter von 44 Jahren.

Etzbach, Wilhelm:
In den 20-er Jahren war W. Etzbach zunächst Radrennfahrer für den heute immer noch bestehenden VCS (Verein Kölner Straßenfahrer). Ende der 20-er Jahre bis in die 30-er Jahre bestritt er Rennen auf Motorrädern von Kölner Rennställen (Apex, Allright, Imperia und vor allem Esch-Record). Etzbach fuhr auch „Herko" (Bielefeld) und UT-Jap (Stuttgart-Vaihingen).

Fafnir:
Aachener Motorrad- und Motorenfabrikant. Lieferte ab der Jahrhundertwende für das In- und Ausland Einbaumotoren. Fafnir-Motoren galten als robust und zuverlässig.

Fischer, Fritz und Hermann:
Kölner Radrennfahrer der 20-er Jahre. Mitglieder des RC Staubwolke. Gewannen 1923 „Rund um Köln" in der Profi- und Amateurkonkurrenz.

Fischer-Amal:
Deutscher Lizenznehmer aus Frankfurt a. M. der englischen Amal-Vergaser (seit 1926), viel verwendet von Kölner Motorrad-Konfektionären. Weiterer berühmter Motorrad Vergaser-Hersteller ist die Firma Bing aus Nürnberg.

Goldberg:
Gegründet am 1. August 1892 in Siegburg. 1910 Umzug nach Köln. Unter dem Namen

„Gold-Rad" produzierte die Firma Goldberg Fahrräder und Motorräder. 1936 stellte G. das Fahrrad für den Olympiasieger Toni Merkens. 1998 beendete G. die Produktion. Goldberg hat länger als alle anderen Konkurrenten Zweiräder in Köln produziert.

Günther, Peter:
Kölner Radrennfahrer, Weltmeister von 1911. Deutscher Meister (Steher/Profis) 1905, 1911-12. Starb bei einem Rennunfall 1918 auf der Radrennbahn in Düsseldorf. Sein Schrittmacher Thomas Ullrich war zuvor wegen eines Plattfußes gestürzt, der Motorblock traf Günther am Kopf. Am 7. 10. 1918, einen Tag nach dem Unfall, erlag er im Alter von 36 Jahren seinen Verletzungen. 1921 wurde ihm zu Ehren der heute noch existierende „RRC Günther 1921 Köln-Longerich" gegründet. Homepage:www.rrcguenther.mynetcologne.de

Hanau, Adolf:
Geb. am 23. 8. 1878 in Roden/ Saarlouis. Besitzer von KLM. Am 25. 11. 1942 verstarb Adolf Hanau im Konzentrationslager Auschwitz.

Helkenberg, Lois:
Langjähriger Freund und Gesellschafter von Adolf Hanau. Vertrat nach dem Zweiten Weltkrieg die Interessen von Hanaus Tochter, die als einziges Familienmitglied den Holocaust überlebte. Helkenberg verstarb am 17. 4. 1971.

Herkra:
Heinz Blume produzierte zwischen 1921-1923 in der Ehrenstraße 24 - 26 eigene Zweitaktmotoren, die schräg nach vorn geneigt, in einfache Fahrgestelle eingebaut wurden. Herkra soll nur ein 141 ccm Einzylinder-Modell im Angebot gehabt haben. Allerdings wurde der Hilfsmotor in die unterschiedlichsten Fahrradrahmen eingebaut.

Hermännchen:
Mundartbezeichnung im Kölner Raum für ein Kleinmotorrad mit dem unverwüstlichen 98-er Zweitaktmotor (Sachs, JLO). Einer Anekdote zufolge, entstand der Name, nachdem sich der „etwas übergewichtige" Hermann Göring auf ein solches Leichtmotorrad gesetzt haben soll.

Herzogenrath, Harry:
Zweifacher Deutscher Motorradmeister 1924/25. Geboren am 19. Januar 1904 in Köln. Gewann direkt sein erstes Rennen und wurde auch in seiner ersten Saison auf Anhieb Deutscher Meister 1924! H. war auch bei internationalen Rennen siegreich gegen die besten Fahrer der damaligen Zeit. H. siegte bei Steilwand-, Straßen- und Speedwayrennen. Seine Rennstatistiken sind beeindruckend: Über 50 Siege bei Speedwayrennen! 1934 erreicht H. 14 Siege bei 14 Starts! Bekannt wurde Herzogenrath damals auch als Tenor.

Hoock & Cie GmbH:
Nach dem Ersten Weltkrieg Importeur der englischen Villiers-Motoren. Lieferte an kleinere Konfektionäre im Kölner Raum. In der Probsteingasse 15 baute man zwischen 1927-1929 Motorräder, „natürlich" mit Villiersmotor (342 ccm Vertikal-Zweizylinder).

Imperia: siehe KMB

Jap-Motoren:
Englischer Motorenproduzent. Viel verwendet von Kölner Motorrad-Konfektionären.

KLM, Köln Lindenthaler Metallwerke:
Georg Sorge wandelte 1901 seine Allright-Fahrradwerke in die Aktiengesellschaft „Köln Lindenthaler Metallwerke" (KLM) um. Hauptaktionär war die Rheinische Handelsgesellschaft mit Sitz in Düsseldorf. Sie gehörte zum Bankhaus Adolf Hanau.

K - R

K.-G. Krieger Gnädig:
Suhler Motorräder mit Kardanantrieb. 1922 fusionierten die K.-G. Produktionsstätten mit den Cito-Fahrradwerken. Nach der Cito Übernahme durch die Köln Lindenthaler Metallwerke kam es zur Namensumwandlung in Allright K.-G. Mitte 1924 wurden die Betriebsanlagen von Suhl nach Köln verlegt. Bei der Deutschlandfahrt 1924 gab es für die Allright K.-G. die Goldplakette als Werksmannschaft.

KMB:
Köln-Kalker Maschinenfabrik. Wiege der Imperia-Motorradwerke. Die Motorradmarke Imperia gehörte besonders in den 30-er Jahren zu den bekanntesten deutschen Motorradfirmen. Die Firma Becker baute schon Anfang der 20-er Jahre „KMB" Motorräder und nahm die Imperias als Zweitmarke zur Fertigung hinzu, die schnell sportlichen Ruhm durch viele Rennerfolge erhielten.

Kölner Kurs:
1948 und 1949 Name eines Motorrad-, Seitenwagen- und Autorennens auf dem Köln-Bonner Autobahnverteiler. Seit 1991 Veranstaltung des MSC Porz für Oldtimer-Motorräder auf dem Nürburgring.

Köln-Schuld-Frechen:
Fahrradklassiker, seit 1919 ausgetragen. Bis 1939 war es die unregelmäßige Saisoneröffnung. Nach Kriegsunterbrechung wird das Rennen seit 1952 wieder ausgetragen und vom RC Adler Köln 1921 e.V. organisiert. Seit 1968 startet und endet das Rennen in Frechen. Homepage: www.rc-adler.de

Komet-Delia 09, RV:
Gründung 1909 als „RC Delia 09". 1925 Gründung des „Komet 1925 Köln". 1930 wurden die beiden Vereine zu „RV Komet-Delia 09" vereinigt. Sehr erfolgreicher Kölner Verein, zahlreiche Deutsche Meister. Homepage: www.komet-delia.de

Krewer, Paul („Indi"):
Kölner Radrennfahrer. 1927 und 1934 Vize-Weltmeister als Profi-Steher, 1928-1929 WM-Dritter.

Lehr, August:
Erster deutscher Weltmeister 1894 (Sprint-Amateure) in Antwerpen, insgesamt dreifacher Weltmeister.

Liliput:
Zwischen 1922-1926 wurden von Alfred Raiser in der Lütticherstraße 2b Leichtkrafträder mit dem Namen „Liliput" hergestellt. Kleiner Kölner Konfektionär.

Merkens, Toni (21. 6. 1912 - 20. 6. 1944):
Kölner Radrennfahrer, Olympiasieger 1936 auf einem Kölner von Köthke entworfenen Goldrad (s. Goldberg). 1935 in Brüssel Amateur-Weltmeister (1000 m Sprint). 1940 (Steher) und 1942 (Sprint) Deutscher Meister. In Köln ehrte man seine Erfolge mit einer „Olympische Eiche", die am Radstadion eingepflanzt wurde. 1948 enthüllte man dort einen Gedenkstein für Merkens, der 1944 den Folgen von Kriegsverletzungen erlegen war. Im Münchner Olympiapark ist ihm zu Ehren eine Straße benannt.

Meurer, Willi:
Kölner Vorkriegs-Radrennfahrer, dreifacher Sieger „Rund um Köln".

Moran, Jimmy:
Amerikanischer Radrennfahrer auf Allright. Gewann 1909 mit seinem Landsmann Floyd MacFarland das erste Berliner Six Days-Rennen. 1911 Bahn-Europameister (Dauerfahrten-Steher).

RC Morgenstern Hürth-Berrenrath:
In der Sylvesternacht 1919 als Hallensportverein (Kunstradfahren und Radballspielen) gegründet. 1985 Aufnahme von Berrenrath-Touristikfahrern. Homepage: www.rv-morgenstern.de

Motosacoche:
Schweizer Motorenfabrikant, viel verwendet von Kölner Motorrad-Konfektionären.

Müngersdorfer Radbahn:
Ehemalige Holzpiste, 1921 gebaut. 1927 Umbau zur Betonbahn, die ihr bald den Ruf der „schnellsten Piste Europas" verschaffte. 1982 wurde sie aus „Altersgründen" abgerissen. 1990 wurde in Müngersdorf das 2500 Zuschauer fassende Radstadion (Albert-Richter Bahn) eingeweiht.

Neander:
Ernst Neumann (Neander) war Grafiker, Konstrukteur und Schöpfer der berühmten Neander-Motorräder, die später auch von Opel in Lizenz gefertigt wurden. Zu Beginn des Jahrhunderts entwarf Neumann Werbegrafiken für Stollwerk. 1924 entwickelte und baute er bei Allright seine Motorräder für die Deutschlandfahrt.

Oszmella, Paul:
Geboren am 25. 11. 1903 in Köln. Kam wie Toni Merkens aus dem Eigelsteinviertel. Ab 1920 Amateur-Straßenfahrer, ab 1922 auch Bahnrennen. 1921 Gewinner Köln-Schuld-Köln; 1923-25 Deutscher Meister der Bahnsprinter (Flieger). 1927, 28, 30 Deutscher Vizemeister.

Paduschek, Willi:
Kölner Radrennfahrer (Jahrgang 1912). Er gehörte zu den besten Kölner Radrennfahrern und war befreundet mit Albert Richter und Toni Merkens.

Pätzold, Erich:
Geboren am 28. 8. 1898 in Troisdorf (Kreis Sieg). Pätzold gehörte zu den erfolgreichsten deutschen Motorradrennfahrern seiner Zeit, war mehrfacher Deutscher Meister in den 20-er Jahren. Pätzold starb 1950 ohne Angehörige in der Weidener Arndtstraße.

Porz, MSC:
Kölner Motorsportclub, gegründet im November 1954.

Pränafa:
Bremsnaben-Hersteller aus Solingen, viel verwendet von Kölner Motorrad-Konfektionären.

Propul:
Der Unternehmer Salzburger produzierte/vertrieb unter dem Namen Propul in den Jahren 1924-26 sportliche Motorräder mit englischen Einbaumotoren von Jap und Blackburn und mit Motosacoche-Motoren.

Rheinlandhalle:
1928 wurde der große Maschinensaal der ehemaligen Automobil-Werke „Helios" in Ehrenfeld zur „Rheinlandhalle" umgebaut, die Schauplatz großer Radsportveranstaltungen wurde. Am 2. November 1928 startete hier das erste Kölner 6-Tagerennen, welches nach dem Zweiten Weltkrieg ab 1958 bis 1998 in der Kölner Sporthalle (in Deutz) ausgetragen wurde.

Richter, Albert:
Kölner Radrennfahrer. Geboren 1912 in Köln, gestorben am 2. Januar 1940 im Gerichtsgefängnis Lörrach. 1932 Sieger des „Grand Prix de Paris" (Amateure), 1932 Weltmeister als Amateur-Flieger (Sprinter), 1933 - 1939 Deutscher Meister der Flieger (Profis), 1934 und 1935 Vizeweltmeister, insgesamt fünf Mal Dritter. 1936 Sieger des Großen Preis der Nationen, 1934 und 1938 Sieger des „Grand Prix de Paris" (Profis). Die genauen Ursachen von Richters Tod am 31. 12. 1939 sind bis heute nicht geklärt.

Riehler Zementbahn:
Der „Erste Bicycle Club Cöln" wurde 1880 auf Initiative des Reifenherstellers „Gummiwerke Clouth" in Nippes gegründet.

R - Z

Dieser erste Kölner Radsportverein baute 1889 eine 350 Meter lange Radrennbahn an der Riehler Strasse. Heute befindet sich dort ein Teil des Kölner Zoos. 1895 fanden auf der Riehler Bahn die Weltmeisterschaften für Profis und Amateure statt.

Riehler Dirt-Track Bahn:
1925 Fertigstellung der 350 m langen Speedway-Sandbahn. Das damals so genannte „Dirt-Track" schwappte in den 20-er Jahren aus Australien und den USA nach Europa über.

Rund um Köln:
Seit 1908 ausgetragener Eintagesklassiker mit bis zu hunderttausend Zuschauern. Der Kurs führt die namhaften Spitzenfahrer ca. 200 km durch die Regionen Köln, Bergisch Gladbach, Leverkusen, Odenthal, Overath, Kürten, Lindlar und Rösrath. Homepage: www.rundumkoeln.com

Safety-Fahrrad:
1879 in England entwickelt. „Safety-Bicycles" waren niedriger als Hochräder, besaßen zwei gleichgroße Räder und Pedale mit Kettenantrieb.

Schaaf, Jean:
Kölner Radrennfahrer, Kölns erster Deutscher Meister im 1000 m Niederrad-Rennen 1892. 1895 WM-Bronze Bahn-Sprint (Amateure).

Schäfer, Hans:
Geboren 1922. Kölner Motorradrennfahrer der 40-er und 50-er Jahre. Gründungsmitglied der Kölner Renngemeinschaft.

Schmitter, Willi:
Kölner Radsportidol der Jahrhundertwende. Geboren am 8. Februar 1884 in Köln-Mülheim. Starb 17. 9. 1905 in Leipzig bei einem Rennunfall.

Schneider, Ferdinand:
Initiator des ersten „Rund um Köln" - Rennens, 1908.

Schorn, Jean:
Kölner Radrennfahrer, 1940-41 Deutscher Sprintermeister.

Soenius, Hans:
Geboren am 19. Mai 1901 in Godorf. Errang acht deutsche Meisterschaftstitel auf Bahn und Straße sowie 196 Einzelsiege, neben vielen Rekorden. Hans Soenius starb am 10. April 1965.

Sorge, Georg:
Kölner Fahrrad-Pionier. Geb. am 11. 8. 1868 in Salzgitter. Gründete zusammen mit seinem Kompagnon Hoppe die Allright-Werke. Viele Erfolge als Rad- bzw. Hochradfahrer (siehe auch Allright, KLM).

SoSa, Sorge und Sabeck:
Automobilzubehörlieferant aus Berlin. Filialen in St.Petersburg, Riga und Kristiania (Oslo). Inhaber der Kompanie waren Georg Sorge und Sabeck. Ab 1908 auch der Ingenieur Edmund Levy.

Spillner:
Kölner Hersteller von Motorradteilen, u. a. Tanks für KLM.

Staffelrad:
Die Firma baute ab 1897 Kardanräder in der Burgunderstraße 48-52.

Stadtwaldbahn:
Nicht zu verwechseln mit dem legendären Stadtwaldrennen, das nur motorisiert ausgetragen wurde, war die Stadtwaldbahn eine reine Radsportanlage. Ca. 1900 fanden dort zahlreiche Fahrradrennen auf der 400 m langen Strecke vor über 10.000 Zuschauern statt. Die Radrennbahn fiel 1929 den Umbauarbeiten für einen Parkplatz zum Opfer.

Stadtwaldrennen:
Motorradrennen 1936-1939 in Lindenthal mit bis zu 80.000 Zuschauern. Gründe für das Ende des Stadtwaldrennens waren Lärmbelästigung für die Anwohner und der Beginn des Zweiten Weltkrieges.

RC Staubwolke 06 Köln:
Gegründet 1906, einer der ältesten Kölner Radclubs. Mitorganisator des „Rund um Köln" – Rennens von 1908 bis 1961.

Stevens, Heinrich:
Einflussreicher Kölner Rennorganisator der 20-er und 30-er Jahre, u. a. „Rund um Köln". 1923-24 Bundesvorsitzender des BDR. Heute heißt eine Kölner Straße in Müngersdorf ihm zu Ehren „Heinrich-Stevens-Weg".

Steffens, Peter:
Kölner Radrennfahrer, u. a. Deutscher Meister 1930-1931 (Sprint)

Tabat, Arthur:
(Geboren 1942) Seit 1972 organisiert der Kölner Handwerksmeister für den „Verein Cölner Straßenfahrer e. V." den seit 1909 ausgetragenen Klassiker „Rund um Köln".

Thorn-Prikker, Hein:
Motorradrennfahrer, (geb. 06. 01. 1911 Hagen – gest. 26.August 1998 Overath). 1951 und 1952 Deutscher Meister als Privatfahrer. Wohnte in Hagen, Bad Godesberg und Overath.

Verein Cölner Straßenfahrer VCS 08 e.V.:
Einer der ältesten Radvereine Kölns. Heute Veranstalter des Radklassikers „Rund-um-Köln". Homepage: www.rundumkoeln.com

Wells, Billy:
Amerikanischer Rennfahrer und Geschäftsmann, leitete bis 1908 die Allright (Vindec) Vertretung in England.

Wenzel, Jupp:
Kölner Rennfahrer der 20-er und 30-er Jahre. Auf KMB, Imperia, Esch-Rekord und Sarolea erfolgreich.

Windmoller, Isaak:
Kölner Fahrrad-Pionierfirma der Jahrhundertwende. „Fabrikation von Fahrradbestandteilen mit Filialen in London und Lippstadt, am Hansaring und Hohenzollernring".

Winterfeld, Franz:
Kölner Rennfahrer der 40-er Jahre, u. a. auf Hoffmann-Motorrädern aus Ratingen-Lintorf. W. gewann u. a. das Rennen am Bayer-Kreuz.

Wronker, Heinrich:
Kölner Motorrad-Rennfahrer der 20-er und 30-er Jahre, u. a. auf Apex und Esch-Record.

Zündorf, Ernst:
Kölner Motorsportler der 20-er und 30-er Jahre, DKW Werksfahrer. Gewann viele Rennen, u. a. Stuttgarter Solitude-Rennen 1930 auf BMW in der Klasse bis 1000 ccm.

Literaturverzeichnis

Allgemeine Motorfahrzeug Ausstellung, Nürnberg 1900, Offizieller Katalog 1900
„Auf rasenden Achsen" von Hans Reh, 1941
Bouny, E.: Etude expérimentale du coup de pédal, Paris 1899
Bourlet, C. : La bicyclette, sa construction et sa forme, Paris 1899
Braunbeck, Gustav: Braunbeck's Sportlexikon, Berlin 1910, 1911, 1912
Das große illustrierte Sportbuch (Rulemann, Theodor), Berlin 1910, Merkur
„Der vergessene Weltmeister", Renate Franz
Die Fahrradwirtschaft, Prof. Wolff, Halle 1939
Fahrrad und Moped , 2002 Heft 3: Der Champion (Hans Steyven)
Goldrad-Chronik 1992
Katalog Internationale Automobil-Ausstellung Berlin vom 1-12. November 1905
Motorradrennen im Rheinland (Heinrich Effertz), Lemgo 2002
Mit dem Fahrrad durch zwei Jahrhunderte (Rauck-Volke-Paturi), 1979 Aarau (Schweiz)
Rheinisches Motorjournal 2002, Düsseldorf
Sportalbum der Radwelt 1911
The Story of the TT, GS Davidson 1947
www.rundumkoeln.com

Diverse Ausstellungshefte 1980-2001 Düsseldorfer Automobil- und Motorradtage „Motorisierung im Rheinland"
Diverse Jahrgänge Kölnische Rundschau
Diverse Jahrgänge Motorrad und Sport
Diverse Jahrgänge „Der Motorfahrer"
Diverse Jahrgänge „Das Motorrad"
Diverse Jahrgänge „Deutscher Radfahrer"

Museen, Archive und Private, die den Autoren halfen

Ein besonderer Dank an Peter Portz, Steff Adams, Uwe Ahlgrimm, Hartmut von Alm, AWD Thomas von der Bey, Uli Backheuer, Familie Becker, Clemens Birkenbach, Bettina Braun, Fam. Steffen Braun, Hans Cramer (MSC Porz), Obering. Ewald Dähn, Deutsches Bahn Archiv Köln/Bad Münstereifel Udo Schmidt-Arndt, Deutsches Sport und Olympia Museum, Heiko Diekmeyer, Professor Dittgen, Fam. Ellegaard, Paul Erkelenz, Renate Franz, Charly Freitag, Benoit Gamas, Claus Goldberg, IHK Köln, Fam. Hamacher, Fam. Hartmann-Virnich, Lucia Hees, Kurt Heidel, Fam. Herzogenrath, Historisches Archiv der Stadt Köln, Rick Howard, Herr Hubmeier, Peter Karpe, Kölsche Jupp, Annegret Krahm, Detlef Kreel, Wolfgang Kremer, Landesarchiv NRW, Gabi Langen, Gerd Lübken, Thomas Mertens, Hagen Merx, Herr Mirbach, Ansgar Molsberger, Rolf Harald Müller, Endre Nagy, Dieter Nolden, Jonas Nordmann, Willi Paduschek, Dieter Pauen, Uwe & Volker Pfaar, Tom Prause, Ellen & Roberto Proietti-Bernardini, Hans Rausch, Rheinisch-Westfälisches Wirtschaftsarchiv, Fam. Rolf, Barbara Röhrig, Peter Salentin, Hans Schäfer, Dieter Schmidt, Anneliese Schmitz (geb. Esch), Fam. Schmitz, Andy Schwietzer, Kurt & Amy Seifert, Prof. Georg zu Solms, Dr. Ulrich Soenius, Stadtkonservator der Stadt Köln, Arthur Tabat, Fam. Toppel, Knut Unterberg, Joachim van Haag, Fam. Vilsmeier, Fam.Wambach, Doris Worm, Marc Zweigardt, Zweiradmuseum Glindow. Und viele andere, die hier nicht genannt sind!

Impressum

Autoren Horst Nordmann, Fritz-Jürgen Hahn und Mika Hahn

ISBN-Nummer 3-00-011139-5

Herausgeber Rheinischer Mobilia Verlag
Fritz-Jürgen/Mika Hahn, Mozartweg 3, 41352 Kleinenbroich
Telefon: 0173/538 34 34, Telefon/Telefax: 02161/999 729
Internet: www.tornax.de, E-mail: info@motomobilia.de

Zweiradsammlung und Archiv Nordmann
Horst Nordmann, Cleverstraße 51, 50668 Köln
Telefon: 0221/72 78 38

Buchgestaltung Steff Adams, Köln, steff@netcologne.de

Lektorat Ellen & Roberto Proietti-Bernardini

Redaktionelle Mitarbeit Peter Portz, Bettina Braun, Thomas von der Bey, Hans Cramer, Hans Schäfer, Udo Schmidt-Arndt, Dr. Ullrich Soenius, Prof. Georg zu Solms

Druck Grafische Werkstatt Druckerei und Verlag Gebrüder Kopp GmbH & Co. KG Köln

© 2003 **Kölsche Zweiradgeschichten** Das Werk, einschließlich aller seiner Teile, wie Titel, sämtlichen Texte, Photos, Bilder, Grafiken, sonstigen Abbildungen unterliegen den strengen Richtlinien des Copyright und sind urheberrechtlich geschützt. Jede Verwertung jeglicher Art außerhalb der engen Grenzen des Urheberrechtsgesetzes ist ohne schriftliche Genehmigung der Autoren, Herausgeber und Copyright-Besitzer unzulässig und strafbar. Auch auszugsweise dürfen keine Teile des Werkes verwendet, gespeichert, reproduziert oder verbreitet werden. Dies gilt insbesondere für Vervielfältigungen, Fotokopien, Übersetzungen, Mikroverfilmungen, sowie die Verarbeitung in elektronische Systeme jeglicher Art.

Belegexemplare Jeweils ein Belegexemplar dieser Ausgabe liegt in der Staatsbibliothek Berlin, der Deutschen Bibliothek Leipzig, sowie der Landesbibliothek NRW in Düsseldorf.

Abbildung von NS-Symbolen Wir distanzieren uns ausdrücklich von Zwecken verfassungswidriger und verfassungsfeindlicher Bestrebungen. Die Abbildung des Hakenkreuzes dient der Aufklärung oder Berichterstattung über die Vorgänge des Zeitgeschehens. Die Abbildung gilt nur einer historischen Darstellung im Zusammenhang der wissenschaftlichen Forschung (§86 und §86a StGB). Wir versuchen mit der Abbildung den sportlichen und kulturellen Alltag der Menschen aus dieser Zeit darzustellen. Ein Nachdruck ist schon aufgrund der Copyright-Bestimmungen ausgeschlossen und untersagt. Wer dennoch diese Abbildungen, gegen unseren strikten Willen kopiert, verpflichtet sich hiermit, dieselben nur für o.a. Zwecke und in keiner Weise propagandistisch, sondern nur im Sinne des §86 und §86a StGB zu benutzen!